町中華探検隊

# 町中華
# 名店列伝

自由国民社

# 目次

東京23区北東部

## 東京23区 北西部

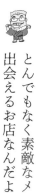

## 東京23区 中西部

## 東京23区 南西部

## 東京市部

## 東京近郊

# 町中華に行って、食べて、聞いて、書いた人たちのプロフィール

## 下関《しものせき》マグロ　町中華探検隊　副隊長

１９５８年山口県出身。出版社、広告代理店を経てフリーライターに。散歩、食べ歩きといった分野の原稿を書いている。主な著書に『歩考力』（ナショナル出版）、『町中華とはなんだ 昭和の味を食べに行こう』（北尾トロ・竜超と共著／角川文庫）、『ぶらナポ〜究極のナポリタンを求めて』（駒草出版）などがある。また、ＷＥＢ中心にコラムを連載中。本名の増田剛己では、All About の散歩ガイドをやっている。

その店にしかない
町中華のオリジナル
メニューが好き！

## 増山《ますやま》かおり　町中華探検隊　隊員

１９８４年青森県生まれ。フリーライター。食、街、人の生き方、サブカルチャー、レトロ、異文化などをテーマに執筆。町中華においては店主の生きざま、店舗の風景、料理に込められた思いに注目している。著書『東京のちいさなアンティークさんぽ レトロ雑貨と喫茶店』『死ぬまでに一度は訪ねたい東京の文学館』『東京のちいさな 美術館・博物館・文学館』（各 エクスナレッジ）『ＪＲ中央線あるある』（ＴＯブックス）

歴史を知れば
町中華は
もっとおいしい！

## 半澤則吉《はんざわのりよし》　町中華探検隊　隊員

福島県、二本松市出身。印刷会社勤務を経て２０１３年よりフリーライターとして独立。人、食、旅行、ドラマとジャンルを問わず執筆・編集を行う。中密地帯（町中華の密集地帯）の荻窪に住んでいたことが縁で、２０１５年より町中華探検隊の活動に参加。以後、主に東京の西側を中心に町中華を探検。日が暮れると気づけば、飲み中華の赤い暖簾をくぐる毎日が続いている。地方出張・旅行時にもその地の町中華の味を追い求め、ここ5年で5kg太る。

ナントカGOは
飽きたけど
町中華探しは
飽きません

## 西益屋《にしますや》ハイジ　町中華探検隊　千葉支部　幽霊隊員

１９７２年生まれ。福岡県出身。出版社勤務を経て、フリーランスとなる。老舗和菓子店を実家に持つ父と、創業40年以上の喫茶店を経営する母の間に生まれ、各々の屋号をペンネームとして活動する。多くの健康実用書において、レシピ考案・調理担当としても参加する。著書に『節約おつまみ手帖』（メディアボーイ）、『おつまみとうんちく１３５』（双葉社）、下関マグロ氏との共著に『おつまみスープ』（自由国民社）などがある。

町中華は
真っ昼間から
飲みやすいよね～

※町中華探検隊についての詳しい情報については１９０ページをご覧ください

# デカ盛りの超有名店は毎日食べたい定食も感動もの

## 光栄軒(荒川区役所前)

住所:東京都荒川区荒川2-4-3
電話:03-3806-4924
営業時間:11:00〜15:00　17:30〜22:00
11:00〜22:00(土・日)
定休日:月曜日

**並んでも入りたいデカ盛りの聖地**

２０１５年の冬、町中華探検隊、下関マグロ隊員、竜超隊員と３人で来店した日のことを僕は忘れない。それまで、町中華で行列を見たことがなかったからえらく驚いた。この店、いわずと知れた「デカ盛り」の聖地。その日も長い行列ができていた。やっと入れた店内で、この店が行列店であることに納得。名物、炒飯をいただきそのコスパの良さに感動させられた。並盛り２・５合という規格外のサイズと、ここでしか食べられないやさしくソフトな味わいは、強く印象に残った。

あれから数年が経ちいろんな町中華に足を運んでい

店の象徴ともいえる炒飯はとりあえず必食。ヘルメットのような巨大炒飯を食べることは、もはや中華好き、デカ盛り好きの通過儀礼

るが、光栄軒以上の大盛り店は見つけられていない。また、まったりと寛げるお座敷席の雰囲気が好きでずっと訪れる機会をうかがっていた。そんな折、同じく町中華探検隊の、ひざげり隊員がこの店のヘビーユーザーだと聞き、連れて行ってもらうことに。このときは4人で酒を飲んだが、これこそこの店の最適な利用方法だと感嘆した。4人ならテーブルを1ブロック使えるし、いろんな料理が食べられるのだ。そして、何よりお酒も進む。思えば初めて訪れたときもかなり飲んだ(マグロ隊員その節はごちそうさまでした)。行列店なのに、じっくり腰を据えて酒を飲めるというのもこの店の魅力だ。

## いわずと知れたデカ盛りの聖地

光栄軒がデカ盛り、飲み屋として聖地化していることは町中華ファンならずとも周知の事実だ。4人で来られたらそりゃいいに決まっているが、僕はこの本で

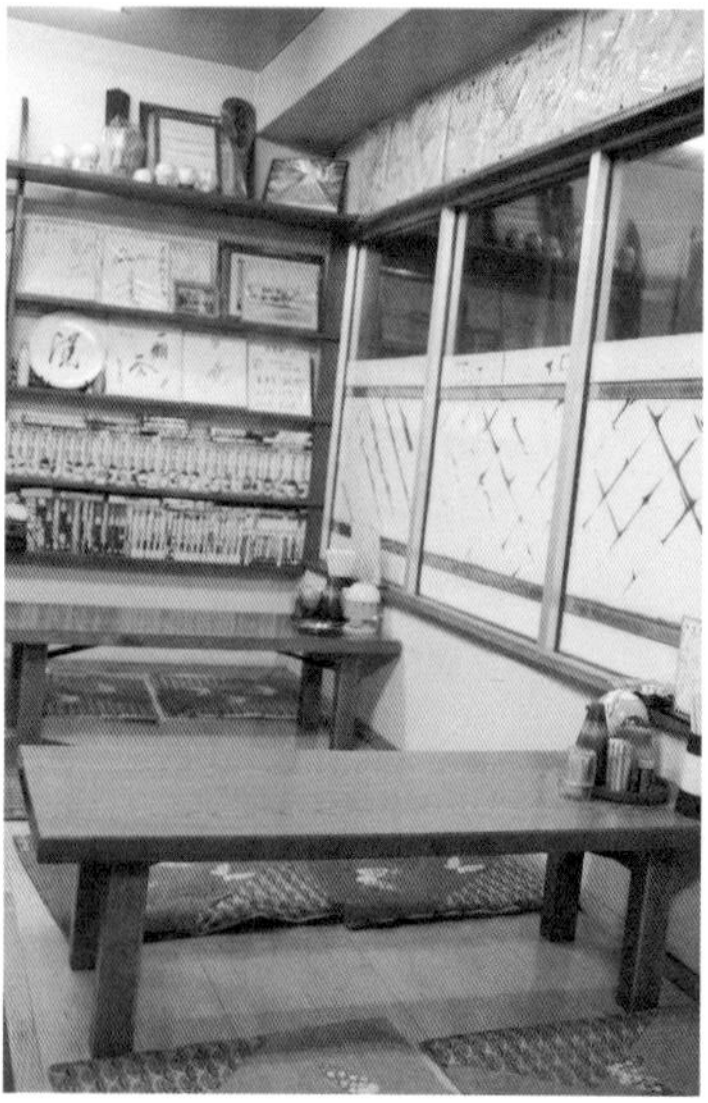

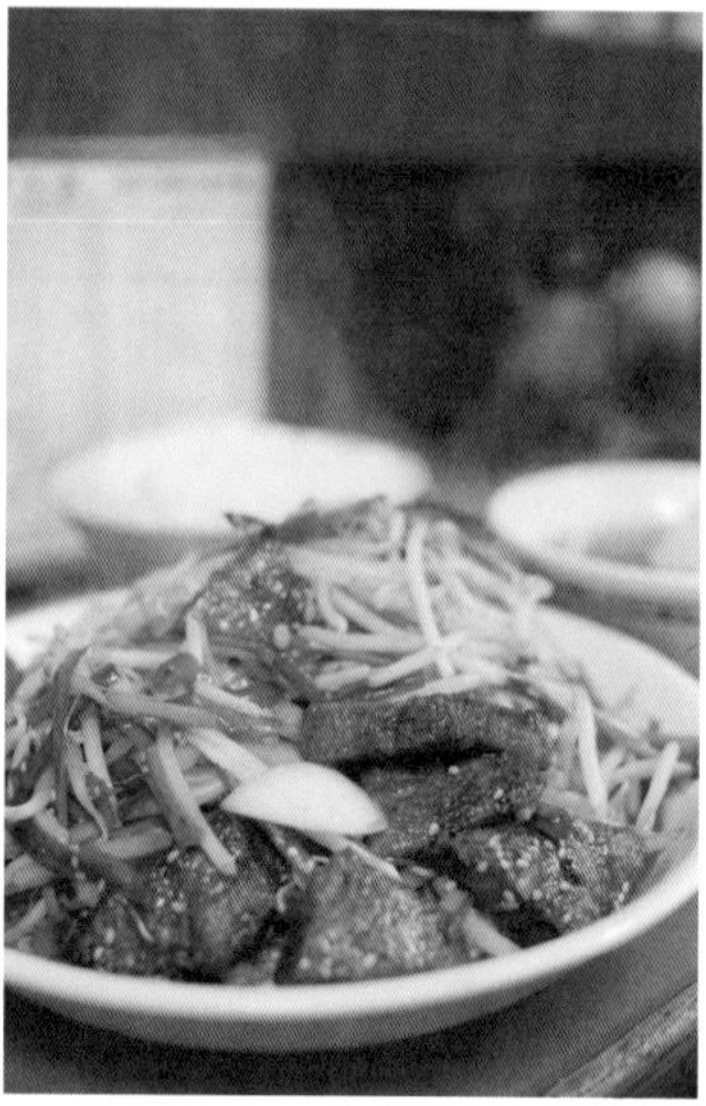

は「一人使い」も提唱したい。光栄軒は量が多いだけでなく、メニューも大充実。その数は実に70を超える。なぜこれだけの料理を提供できるのか、店主の浅見寛さんに聞いてみた。

「三ノ輪にあった母方のおじさんのお店で修行していたんです。その修行期間中、中華料理の学校にも2年ほど通っていたんですよ」。中華専門の料理学校に通ってらっしゃったとはスゴい！ なるほどメニューが豊富でいずれもおいしい訳だ。カウンター越しに見える浅見さんの手際の良さも、そう聞くと納得！

そんなお話を聞きながら、レバニラ炒め定食をいただいた。血抜きをしっかりしていてレバーの臭みはまるでない。プリプリの食感はレバーが新鮮だから。そしてパンチが効いた「これぞ、町中華！」な味わいだけど、やさしく食べやすい。野菜だけで400g以上とこちらも大盛りだが、1人でスルッと食べられるのは味がやさしい証拠だろう。焼肉定食も以前食べたこ

種類も豊富な定食は、満腹度120%!

とがあるが、これもまた、濃い味なのに「やさしさ」を感じる味で食べやすくビールと一緒にいただきたくなった。定食屋としても超優秀! こりゃ、毎日だって来たい。光栄軒は1人でも大満喫できるお店なのだ。

## 店主のやさしさもデカ盛り

とはいえ、この店が行列店になったのは、単にメニューが多くおいしいからだけじゃない! とにかく店主浅見さんの人柄が素敵、料理だけでなく彼のやさしさもデカ盛りなのだ。どうして料理が大盛りなのかをうかがうと「長く店をやらせてもらっている恩返しみたいなもの」という言葉が返ってきた。「僕は人に恵まれているんです。お客に恵まれている。女房にも恵まれている。お客がいいから、店も混んでいるんですよ」。なんと店には開店来、毎日来ているお客さんもいらっしゃるそう。その気持ちわかるなあ。「よくいえば趣味仕事、特技仕事。お客さんが来てくれるから休めない

「お客さんが良いおかげで今があります!」

ですよね」と浅見さん。なんと24時間のうち、18時間も店で仕事をすることもあるという彼は、常にお客のことを思い、やさしさにあふれたメニューを提供し続けているのだ。

本当、頭が上がりません。どうか、お体にだけ気をつけてください！ 4人でも1人でも、これからもお腹を空かせてうかがいます。

（半澤則吉）

**隊員オススメメニュー**

レバニラ炒め定食　680円
焼肉定食　750円
回鍋肉定食　600円
炒飯　550円
ラーメン　400円
タンメン　500円
肉スープ　400円
カツ丼　700円
親子丼　700円

（いずれも外税）

# 憎らしいほど肉々しい
# 大満足の豚肉づかい！

## 五十番（新小岩）

住所:東京都葛飾区新小岩2-13-4
電話:03-3674-0845
営業時間:11:30〜22:00
定休日:水曜日

**野菜炒め熱に再び火がついた**

一頃、野菜炒めが病的に好きだった。町中華で野菜炒めばかり食べていた。その店で使っている食材がわかるのと、野菜と肉それぞれにどの程度火を入れているかが伺い知れるからだ。というと研究を目的としたアカデミックなメニュー選びのように思えるが、単純に僕は人より野菜炒めが好きなのだ。そして、さすがは町中華。たいていの店はおいしい野菜炒めを出していて、店による差がそれほど顕著に出る料理じゃないとすぐに気づいた。だから野菜炒めへの情熱はそう長く続かず、最近は町中華では「好きに頼めばいい」と

いう境地で、その場のフィーリングで注文することが多い。気づけば野菜炒めを頼むこともめっきり減ってしまっていたのだけど、先日「五十番」の野菜炒めをいただいてから、僕の中で再び野菜炒め熱が高まった。いや違う、正確にいうと「五十番の野菜炒め」への情熱だ。できることなら、ひとしきり野菜炒めを食べていた頃の自分に言いたい。言ってやりたい。「おい、お前が探しているものは新小岩にあるぞ」と。

**豚肩ロース、自家精肉というこだわり**

五十番には野菜炒めと肉野菜炒めがあるが、肉野菜炒めはその名前に偽りなしで本当に肉がたっぷりだ。肉々しさがハンパなく野菜炒めなのに肉が主役、ついでに野菜が摂れてラッキー、くらいの感じだ。改めて野菜炒めの素晴らしさを実感できる一皿。

銘柄や産地にはうるさくいわないけれど、豚肉の「肩ロース」を使うというのが五十番のこだわりだ。「噛

んでしっかり味が出る部位ですね」と店主も胸を張る。それゆえ肉はジューシーで、口の中に豚のやさしい風味が広がる。しかもカットされた肉を使うのではなくすべて、自家精肉というのもこだわり。ブロック肉を店内で切り出しているから、分厚いお肉が味わえて満足度はかなりのものだ。野菜はシャキシャキしているのに肉はふんわりソフト、パサつきもない。野菜に対しても肉に対しても完ぺきな火入れをしているところは、１９６５年（昭和40年）創業の老舗ならでは。

この店に来ると僕はその調理シーンにも注目してしまう。店内に響く中華鍋をカツカツと鳴らすあの音がたまらなく好きなのだ。音楽がかかっていないから、客が少ない時間帯はとっても静か。耳を澄ませて料理を待つ時間もまた贅沢だ。

**僕は五十番を「パワスポ」だと思ってる**

「肉」に強いこの店はチャーシューもスゴい。チャ

店のシンボル招き猫も必見! ヒゲはないけど開運効果あるかも?

肉は店で精肉! だから分厚いしジューシーな仕上がり

ーシューメンはビジュアルも素晴らしいし、ぜひ食べておきたい一杯。程よい脂身のチャーシューがスープにコクを与えている。そして、今回初めていただいた肉スープも、十分酒のアテになることが判明。スープがつまみになるなんて、ほかの店ではそうそうマネできないこと。肉料理がうまい店は当然、酒も進む。と、ご託を並べてきたが、僕は取材にかこつけて五十番で酒を飲みたいだけなのだ。

「毎日同じものを食べる人もいるから、下手なことはできないんだよ」と店主。常連さんは同じものを食べることが多いそうで、「顔を見るだけで、どの料理を頼むかわかる」客も多いという。このホスピタリティもまた五十番の素晴らしさだ。以前は同じ通りに4軒も中華屋があったというが、今もこの店が生き残っているのは、おいしさと素敵なもてなしを両立できているからでは。何度だって訪れたくなる、何度だってお酒を飲みたくなる、五十番にはそんな不思議な引力があ

る。ここの招き猫にはもう何度も会っているが、来るたびにご利益をいただいたような気分に。ご利益は商売繁盛、金運アップ（たぶん）。だって、五十番は何十年も繁盛店なんだもの。僕はこの店を、勝手に新小岩のパワースポットだと思っている。

（半澤則吉）

**隊員オススメメニュー**

肉野菜炒め　680円
チャーシューメン　730円
肉スープ　500円
ラーメン　380円
ワンタン　380円
カニタマ　900円
チキンライス　580円
肉丼　680円
瓶ビール　500円

# 「ニラそばがネットで話題になっているんですよ」とスーさんが笑う

すずき（東日暮里）

住所:東京都荒川区東日暮里3-22-7
電話番号:03-3807-0044
営業時間:11:30〜14:00、17:00〜22:00
定休日:月曜日、不定休
（定休日以外にもお休みすることがあります）

**お一人様向けの呑み中華**

散歩の途中に何度も見かけたがタイミングが合わずなかなか訪問できなかった東日暮里の「すずき」。ある夏の暑い日、僕は意を決し、すずきへ向かい、のれんをくぐった。

のれんの向こうは引き戸で、中に入ると客の全員がこちらを向いている。1人用のテーブルが右に並び、左側はカウンター席。1人用のテーブルの奥が空いているので着席。着席してさっきの客の視線の理由がよくわかった。入り口の戸の上にテレビがあるのだ。

店主がさっと、テーブルにティッシュと氷と水が入

ソースでいただくのがおすすめのシューマイ 400円

った大きなコップを置いた。他の客はおでんのようなものをつまみながら、酎ハイを飲んでいる。あのおでんはなんだろうか。メニューを見たが、そのようなものは見当たらない。ということは、あれはお通しか。

迷った挙句、冷やし中華を注文した。時間がかかっている。厨房を見ると、卵焼きを焼いているよ、すごいね。14分かかり、冷やし中華到着。そのビジュアルを見て、これは旨いはずだと思った。店主の几帳面な性格がこの冷やし中華に出ている。食べてみるとやはりうまい。

2日後に再び訪れた。先客は1名だけ。

カウンターに30代の男性客。酎ハイを飲みながら、店主と会話をしていた。そうか、店主と話したい人はカウンターに座るのか。僕もカウンターに着席。男性客はすっかり出来上がっているようで声をかけてきた。「僕、毎週火曜日が休みなんで昼から飲んでいるんですよ」ときょうはお休みであることを強調。そして、「こ

アルコールを注文するとお通しが出てくる。お通しは100円とお得

この酎ハイは濃いんですよ」と嬉しそうに笑った。ここでは何がおいしいのか聞いてみた。「シューマイとチャーシューですね」と男性。ああ、たしかに彼の目の前にはこの2品がある。シューマイとビールを注文してみた。お通しがやってきた。きょうは切り昆布の煮物だ。シューマイがきた。男性が「ここのシューマイはソースをかけて食べるんですよ」と教えてくれた。なるほど、ソースをかけていただいてみると、お肉と玉ねぎだけのシンプルな味わい。うまいねぇ。店主に聞けば、築地の「やじ満」で働いていたそうだ。ああ、そうか、どこかで食べたことがあると思ったけれど、これは「やじ満」のシューマイだ。

**オリジナルメニュー「ピリカラ湯飯」が素敵**

ある日、メニューのなかでもひときわ大きく書かれている「ピリカラ湯飯」を注文した。まず読み方はわからない。「湯飯」は中華風なら「タンハン」かな。僕

「ニラそばがネットで話題になっているんですよ」

(上)シューマイだけではなく餃子もなかなかの実力!
(下)美しいビジュアルの冷やし中華

がスーさんと呼ぶご主人の鈴木栄八さんにうかがえば「それは『ゆめし』ですね」とおっしゃる。注文してみれば、中華スープにナルト、かまぼこをはじめとして肉野菜も入っている。ラー油が入っているのがピリカラ部分。二日酔いのときなど食べたくなるメニューだ。この日、雑誌の取材を受けてくれるのか聞いてみた。「これまで取材を受けたことがないので、よくわからないけれど、ものによってはいいですよ」とスーさん。その後、いろいろな雑誌やテレビ番組など、無理なお願いにもニコニコしながら応じてくださった。本当にありがたい。

**最近はニラそばがネットで注目されている**

その後もちょいちょいこちらのお店には寄っている。とくにシューマイをテイクアウトすることが多い。晩御飯用に買って帰るのだ。家でこのシューマイが食べられるのは本当に幸せ。メディアで取り上げられたことでシューマイがよく出るようになったと以前はおっしゃっていたのだが、いままた人気のメニューがあるそうだ。「最近はネットでニラそばが話題になったらしくて、そっちもすごいことになってるんですよ」へえ、こちらではいろいろなメニューをいただいたけれど、ニラそばはまだ未食だ。とのことで、次の訪問ではニラそばをいただいた。むむむむ、ちょっとこれはすごい。タップリのニラに片栗粉にくるまれた豚バラ肉がたっぷり。キクラゲなんかもいいアクセントになっている。かなりボリューミーだ。独特なニラそばに驚いた。これは一度食べたら、人に言いたくなるメニューだね。お代を払って「それじゃ、スーさんまた来るね」と言い、店を出るのがいつものパターンだ。

(下関マグロ)

最近人気だというニラそば 750円

**隊員オススメメニュー**

ラーメン　550円
シューマイ　400円
ヤキソバ　700円
ニラそば　750円
チャーシュー　650円
ギョーザ　400円
ピリカラ湯飯　600円
冷やし中華　750円
チャーシューメン　750円

# 町中華だけれど、名物料理はインドネシア料理のナシゴレン

## 幸楽（小島）

住所：東京都台東区小島2-1-3
電話：03-3866-5900
営業時間：11:00〜15:00　17:00〜20:00（火曜日、木曜日は休み）
定休日：土曜日、日曜日、祝日

**そのたたずまいは無国籍**

こちらのお店、フジテレビの『とんねるずのみなさんのおかげです』でやっていたコーナー「きたなトラン」で見たのが最初だった。ぜひ行きたいと思っていたのだが、新宿から上野に引っ越したことで徒歩で行ける範囲になったことからお店へはよく行った。といっても、最初のうちはお店に入ってなにか注文したというわけではなく、店の前まで行ってはそのたたずまいを鑑賞していたのだ。

暖簾が出ているときは、店前の歩道にテーブルとパラソルが出され、客がそこで食べているのを何度か見

た。不思議なのは厨房の出入口の外側に置かれている冷蔵庫やご飯ジャーや黒いダイヤル式電話だ。冷蔵庫は店主が厨房から出てきて、食材を出す姿を見た。店を閉めた後、あの冷蔵庫はどうなるのだろうか。気になって見に行ってみた。ご飯ジャーや電話機は店内にしまわれていたが、冷蔵庫はドアにはチェーンがかけられそこには南京錠がかかっていた。最初のうちはずっとこうして、鑑賞だけにとどめていた。いきなり店に入ってしまうのはもったいない気がしたのだ。

　そうやって十分に鑑賞をしたあと、満を持して店の暖簾をくぐった。店内もこれまた個性的だった。カウンターとテーブル席があった。食べ放題のお漬物や調味料。木のケースに入れられたマヨネーズ。大きなペットボトルに入れられたお水など、どれもいい味を出している。

　注文したのは町中華の王道メニュー、半チャーハンとラーメンのセットだ。ラーメンはシンプルながらも

スープがおいしいし、パラパラに炒められたチャーハンとの相性もよかった。これなら毎日でも食べられるかんじだ。あとから来た客の多くが、半ナシとラーメンのセットを注文していた。ここでは、チャーハンよりナシゴレンのほうが人気のようだ。

**町中華では珍しい、ナシゴレンというメニュー**

2度目の訪問ではテレビ番組でも紹介されていたナシゴレンをいただいた。インドネシアなどで食べられているナシゴレンが町中華で食べられるというのもなんだか珍しい。

出てきたナシゴレンは一般的なそれとは少し違っていた。普通は目玉焼きがのっかっていたり、海老せんやサラダが添えられていたりするのだが、こちらのナシゴレンはそういった添え物は一切なく、そのビジュアルは赤みを帯びたチャーハンという感じだった。味のほうは、チャーハンに近いが少しピリ辛でおいしいしか

ちょっと赤身がかかったナシゴレン

った。今回は半ナシではなく、普通のナシゴレンだけだったけれど、これは半ナシにしてラーメンと合わせたいところだ。

**店主の壮絶町中華人生がすごかった**

その後も、何度も通い、定食やカレーライスなどもいただいた。『散歩の達人』（交通新聞社）の町中華特集で、僕の好きな町中華として紹介させていただいた。そのときに店主の小林賢吉さんにうかがった話がなんとも衝撃的だった。

若いころ、松戸あたりでラーメンの屋台を引いていたそうだ。ある時、熱いなと思ったら屋台から火が出ていた。あわてて、消そうとするも全焼。そのまま捨てて、失意のうちに電車に乗って着いたのが上野。それで、上野の町中華で働き始めたという。

そのとき、インドネシア人のお客がいて、ナシゴレンをつくってくれないかとお願いされたそうだ。試行

生姜焼き定食800円

五目そば750円

錯誤の末、特製辛子味噌を完成させ、それを使ってナシゴレンをつくると、インドネシア人の客も満足してくれたのだそうだ。

店内には絵が趣味だという小林さんの絵が飾られている。このお店、外から見るのもいいが、店内を見るのも楽しい。もちろん、味もいい。そしてなにより、ご主人の人柄がいいのだ。

(下関マグロ)

**隊員オススメメニュー**

ナシゴレン　700円
半ナシゴレンとラーメンのセット　800円
半チャーハンとラーメンのセット　800円
半カレーライスとラーメンのセット　700円
中華丼　700円
五目そば　750円
生姜焼き定食　800円

# ふわふわの天津飯＆家族みたいなあったかい空気

## 十八番（浅草）

住所:東京都台東区西浅草2-18-7
電話:03-3844-0108
営業時間:11:00~16:00　17:30~21:00
定休日:日曜日、祝日

**家族じゃないのに、家族みたいにあったかい**

味のよさを求めるなら本格中華のほうが確実だし、昭和の雰囲気が好きなら純喫茶や焼き鳥屋だっていいはず。それでも我々が町中華に向かうのは「家族経営のあったかさ」があるからだと思うのです。家族だからこその遠慮のないやり取りが生む距離の近さ。実家みたいなくつろぎ感。そんなものを求めて、町中華に通っているような気がします。

ここ「十八番」のみなさんの気取らない笑顔に家族だと早合点しそうになるのですが、実は血のつながりはないのだそう。そう聞いてもなお家族と思えてなら

左よりチーフの青山大介さん、店主栗原さん、スタッフの久保園和子さん、高山和伸さん。まるで家族みたいな雰囲気にくつろげる

（上）お客さん同士ここで仲良くなることも多いのだそう
（下）ニラそば750円の滋味あふれるスープに、豚肉の旨味とニラの爽やかさが溶け込む。青山さんが八丁堀「十八番」での修業時代に身につけた味だ

ないチームワークで、店はいつも心地よい活気に満ちています。

現在の店主は、初代・栗原経推（つねお）さん亡きあと店を支えている、妻の栗原さだ子さん。昭和38年、浅草・かっぱ橋の路地で産声をあげたこの店には、道具街の店員さんたちもよく訪れるとか。「十八番」はゆるチェーンのひとつで、昭和20年代に創業した浅草寿町の店が発祥です。栗原さんの娘さんご夫婦も御徒町で「十八番」を営んでいます。

## 「あったかい」だけじゃ終わらない実力派

味以上に人情を求めて町中華に行っている人は少なくないと思うのですが、この店は味も文句なしにハイレベル。美食の街・浅草ゆえか、何気ないメニューもしっかりウマいのです。その味を支えているのが、みなさんに「チーフ」と呼ばれている青山さん。忙しい調理の合間にもたびたび出前の電話がかかってくるので

天津丼の味はお店のみなさんのように優しい

すが、鍋を振りつつ、その電話にも本当にあったかい声で答えてらして、横で聞いているこちらまで嬉しくなってしまいます。そして丁寧に受話器を置くと、いつものようにあざやかに鍋を振るのです。

わたしがつい頼んでしまうのが、ふわっふわの玉子の天津丼（850円）。メニューには「カニ玉丼」と書かれているんですが、お店のみなさんは「天津丼」と呼んでます。町中華ならではのユルいメニュー表記ですが、味はちっともユルくない！　たっぷり空気を抱き込んでふんわり仕上がった玉子に、やさしい醤油味のあんがとろ～り。しっかり火を通しているのに繊細で柔らかな食感、まるでこの店の真心そのものを頬張っているようです。

**かっぱ橋ならではのこの一杯**

小皿メニューがあって、ひとり飲みでも複数の料理が楽しめる十八番は、昼飲みも最高です。手堅く瓶ビ

(右)とんねるずの「キタナシュラン」にも登場しているが、決して汚い店ではない!むしろ居心地GOOD。ピンクの電話は令和の今もなお現役だ
(左)1人でも昼からでも飲みたくなる!おしんこなどのお通しは無料だ

ールもイイですが、ぜひ頼みたいのが「かっぱばしわり」(550円)。なんときゅうりの千切りが入った、甘くないサワーです。色モノか?と一瞬ひるんでしまうのですが、きゅうりのウリ感+焼酎のほのかな甘み＝ほんのりメロン風味になり、意外にもこれが堅実にウマいのです。カンカン照りの真夏なんか特にこたえられません。ちなみに、余ったきゅうりは別皿に取り出して、ドレッシングをかけて食べさせてくれます。こちらも焼酎のほろ苦さをまとって思いがけないウマさ……なんて書いているうちに、またかっぱばしわりが飲みたくなってきました。

「私が先輩と飲んでいたときに、『お前酒弱いから、きゅうり入れて飲んでみろ。かっぱ割だ』って勧められたんです。それがきっかけで、お店に出すようになりました。最初はかっぱ橋にかけて、竹の箸をマドラーにしてたこともあったんです」と青山さん。

「一日一緒にいるから、みんな親と子みたいなもの。

ゴロゴロ&シャキシャキ食感がたまらない、焼豚ときゅうりのマスタードあえ600円

前に店にいた子が母の日に贈り物くれたり、主人も昔不良だった子に『他のとこに行くなら、それやめてから行けよ』なんて言っててね、人が良すぎるくらいいい人でした」おかみさんのそんな言葉に、この店のあったかさは、ご主人のお人柄の遺産だったんだ！と確信したのでした。

（増山かおり）

**隊員オススメメニュー**

シイタケそば　８５０円
酸辣湯麺　９５０円
カニ玉ソバ　８５０円
ミニ野菜イタメ　４００円
（温）冷やっこ　３５０円
ぶためし　４００円
半中華丼　４００円
野菜スープ　５５０円

# 「ここの餃子は〝餃子の王さま〟だね」という客のひと言が店名に

## 餃子の王さま（浅草）

住所:東京都台東区浅草1-30-8
電話:03-3841-2552
営業時間:11:15〜14:30(L.O.14:00)
16:00〜20:30(L.O.20:00)
定休日:火曜日

### 入りづらかったけど、一度入れば大丈夫

新宿に住んでいるときから、浅草へは散歩関係の記事を書くためによく通った。だから浅草中央通りにあるこの店の存在は知っていたのだけれど、ちょっと入りづらかった。僕が勝手によそ者を拒むオーラを感じていたのかもしれない。

5年ほど前に歩いて行けるくらいの距離に引っ越して、それから1年を経過したころ、そろそろ自分もこの店に入る資格があるのではないかと思い、うかがった。一階のカウンターの奥に席が空いていた。お店の方はやさしくどうぞと言ってくれたし、お客さんはみ

店内には昭和29年、創業当時の写真が飾られている。いまと同じ場所だ

しっかりした焼き目がカリッと香ばしい。上が「王さまの餃子」、下が「肉餃子」

な椅子を引いて通りやすくしてくれ、いちばん奥の席に座る。注文したのは瓶ビールに餃子、タンメン。おいしかったのはもちろんだが、その雰囲気の良さもあって、僕はこの店へ通おうと思った。

しかし、そうした矢先に『散歩の達人』（交通新聞社）で町中華の特集をやるので、浅草エリアの店を取材してくれないかと言われた。うーむ、このお店を取材したいけれど、ここはひっそりとしばらくは通いたかったのだが。まあ、それでも自分がそういう仕事をしているので、仕方がない。取材を申し込むと、こころよく応じてくださった。

**独特の店名はお客さんのつぶやきから**

店内には、昭和29年、創業当時の店舗写真が飾られている。今と同じ場所にあったという当時の店舗には「餃子」と書かれた大きな提灯。のれんには「餃子や」の文字がある。取材に応じてくださった三代目の佐々

餃子とたんめんの組み合わせは最高だね

木光秋さんによれば、店名はお客さんのつぶやきから生まれたそうだ。ちょうど、店の名前を登記しなくちゃいけない時期で、どうしようかと思っていたところ、お客さんが「ここの餃子は、餃子の王さまだよね」と言った言葉からこの店名をつけたと言う。

メニューの最初に書かれているのが「王さまの餃子」だ。カリッと焼きあげられていて、サクッとした食感のあとから野菜の旨みが押し寄せてくる。三代目によれば、餃子の餡はキャベツ、ニラ、ニンニク、生姜とシンプルな構成。「ただ、お肉の嫌いな人も気がつかないほど少量の豚肉が入っているんです」とのこと。なるほど言われてみれば野菜だけではない旨みも感じる。

**餃子と合わせたいのは「みそそば」**

この「王さまの餃子」に何を合わせるかが大問題だ。僕は最初のころ餃子とタンメンばかりを食べていた。しかし、あるとき、チャーハンと餃子を食べて、そのべ

「みそそば」は独特なビジュアル。めちゃくちゃ旨し!

ストマッチぶりに驚かされた。それからいろんなメニューをいっしょに食べるようになったのだけれど、どのメニューも餃子に合った。

ラーメンは、見た目も美しくやさしい味で、これがまた餃子に合う。しかし、僕がもっともおすすめしたいのが「みそそば」だ。ちなみにこちらのお店には、太麺のメニューが3つある。「たんめん」「焼きそば」、そしてこの「みそそば」。まずはビジュアルに驚かされる。丼には一面にもやし。その中心部分にはみその玉がある。これを溶かしながら食べるのだけれど、中にはひき肉やショウガなどが入っていて、独特な味に仕上がっている。力強い太麺がけっこうスパイシーなスープに合うね。麺をすすり、餃子をつまめば最高のコンビネーションだ。

しかし、還暦を迎えた胃袋には「みそそば」は少しヘビーになってきた。それで、最終的に行き着いたのが、「王さまの餃子」と「半ライス」の組み合わせだ。

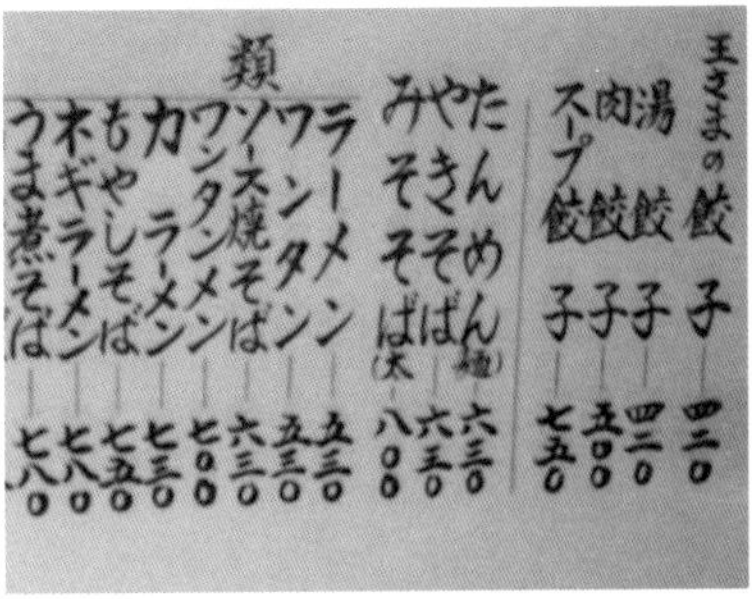

（上）手書きのメニューも味がある。（下）「ニラレバいため」はおいしくて大人気！

**隊員オススメメニュー**

王さまの餃子　４２０円
肉餃子　５００円
たんめん　６３０円
焼きそば　６３０円
みそそば　８００円
ニラレバいため　７８０円

スープもついてきて、これが今の自分にはちょうどいい。

また、妻と2人で夜訪れたこともある。ビールに「王さまの餃子」や「肉餃子」、「ニラレバいため」などをいただいた。どれもおいしい。〆にはワンタンをいただき、これもおいしかった。

また別の日、餃子の持ち帰りをお願いしたこともある。生か焼きかを聞かれる。自分で焼いてみたくて生を買って帰ったのだが、いざ家で焼いてみようとすると、お店のようにカリッとうまく焼けなかった。それでも、餃子そのものがおいしいので、我が家でいただいた餃子ではベストワンとなった。

こういういい店に出会うと、なんでもっと早く行かなかったのか悔やまれる。もっとたくさん食べられる時期にこちらの餃子をしこたま食べてみたかった。そんな思いにさせるお店だ。

（下関マグロ）

# カレーチャーハン、カレーライスがおいしい老舗町中華！

## 生駒軒（浅草）

住所:東京都台東区雷門1-12-1
電話:03-3844-6853
営業時間:11:30〜15:00　17:00〜20:00
定休日:水曜日

**初訪問は三社祭の日だった**

あちらこちらの町中華でカレーチャーハンを食べ歩いている時期があった。家からすぐの町中華はあらかた食べ歩いたので、もう少し足をのばして雷門方面へやってきた。それがこちらのお店だった。しかし、店が見えたとたん、これは出なおさなくちゃいけないなと思った。ちょうど三社祭の神輿の担ぎ手の方々が何人もお店のなかに入っていく光景を目にしたからだ。それでも、店の引き戸をちょっと開けて、中を見たら男性店主の声がした。「そこ、空いてる？」とテーブルに座っている人に聞いてくれている。空いているとのこ

見た目も美しく、食べておいしいカレーチャーハン

とで着席。相席の方も祭り装束だが今入った人たちとはグループが違うようだ。チャーシューをつまみにビールを飲んでいる。

カレーチャーハンを注文。すぐに作り出してくれた。店内にカレーの香りが広がった。祭りの男性が「いいカレーの香りが……」とつぶやいている。と、すぐにカレーチャーハンは提供された。見た目も美しい。いただいてみると、よく炒められたチャーハンにカレー粉がよくなじんでおいしい。いっしょに出されたスープもおいしくて、この店のラーメンもきっとおいしいのだろうと思った。

町中華を最初にテレビで紹介してくれた『有吉ジャポン』のディレクターから浅草エリアでいい店を紹介してくれないかという電話をいただいたときに真っ先にこちらのお店をあげた。

ちなみにこちらの番組、最初は出演させてくれたけれど、その後はアドバイザーのような立場で何度かお

(上)やさしい味わいのタンメンは野菜たっぷり
(下)やさいあんかけの広東麺は寒い日にいただきたい

つきあいをさせていただいていた。数日後、そのディレクター氏から「生駒軒さん、断られたので他に紹介してもらえますか?」と聞かれ、今度は多めにお店を紹介した。

浅草関連のSNSに生駒軒さんの常連さんによる『有吉ジャポン』の出演依頼を断ったという書き込みを見つけ、僕はおもしろがって、お店を訪問した。ラーメンをすすりながら、「ご主人、テレビ、断ったんだって?」と聞くと、「なんで知ってんの?」と言われた。自分が紹介したとは言わず、「ネットの書き込みで見たんだけど」と言うと「あー、そう。テレビはだめだよ」「じゃ、雑誌はいいんですか?」「うーん、ものによるかな」という会話をした。

**そして、取材を許された**

もともと『散歩の達人』(交通新聞社)でやっている連載にこちらのお店に登場してもらおうと思っていた

カレーライスは具だくさん。どこか懐かしい黄色味を帯びたカレーがいい!

ので、マイペースで通っていたのだけれど、いきなり状況が変わった。『散歩の達人』が町中華の特集をすることになったのだ。

しかも、浅草の町中華のページをつくるというので、こちらのお店へ取材の許諾をいただきにうかがった。断られるかなと思ったが、快諾してくださった。しかも、取材当日は出前に出かける姿、それを見送る奥様というシーンの撮影をお願いすると快く応じてくださり、なかなかいいページになった。

## 「しばらくの間、休業」の貼紙にショック!

2018年の7月、冷やし中華でもいただこうとお店にうかがうと貼り紙があった。「お客様へ」で始まる文章だった。「しばらくの間　お店は休業させていただきます　店主」とあった。ショックを受けた。その足で『餃子の王さま』へ行き、チャーハンを食べながら生駒軒の貼紙について報告した。しばらくの間がど

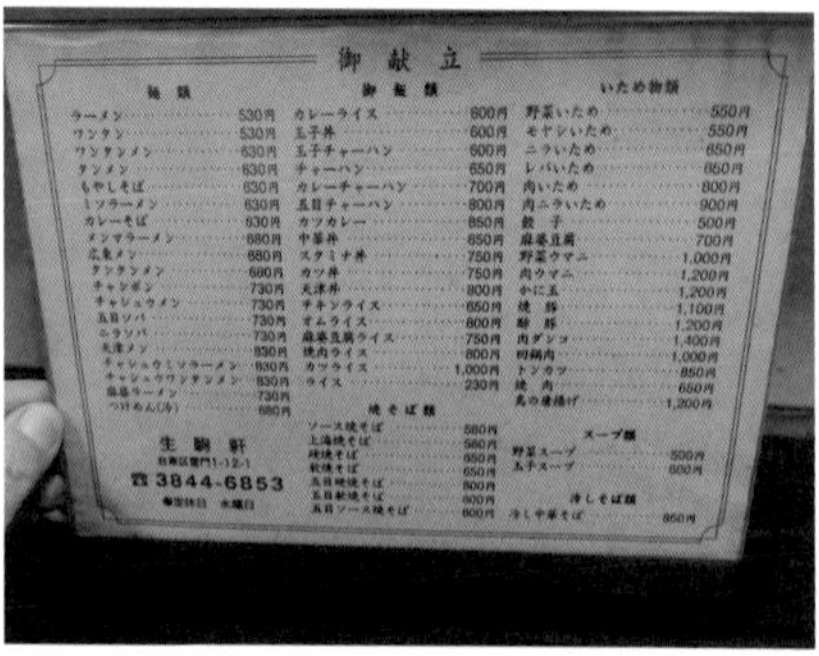


メニューは豊富。おススメは全部。はずれなしでどれもおいしい!

**隊員オススメメニュー**

カレーチャーハン　７００円
カレーライス　６００円
タンメン　６３０円
カツカレー　８５０円
広東メン　６８０円
焼肉ライス　８００円

れくらいなのか、休業の理由もわからない。それから、1カ月後、2カ月後と店を訪れても前と同じ貼り紙がなされているだけだ。

２０１９年になって、『餃子の王さま』へ行くと、ご主人が「生駒軒、復活してますよ」と教えてくれた。おお、それはめでたい。後日、喜び勇んで生駒軒。おお、復活しているね。かねてよりいただきたかったカレーライスを注文。

聞けば、出前の器を下げに行こうと、自転車で雷門通りを走っていて、車と衝突して骨折し、入院していたんだそうだ。いやぁ、復活してくれてうれしい。

出てきたカレーは黄色いカレーだった。ああ、昔ながらのカレーの色だね。カレーチャーハン、カレーライス、そしてラーメンもおいしいのだから、「カレーそば」もおいしいはずだ。カレーラーメンではなく「カレーそば」という表記がいいね。今度いただこう。

（下関マグロ）

# 老舗だけれど攻めているおいしく楽しい町中華

あさひ（浅草）

住所:東京都台東区浅草3-33-6
電話:03-3874-4511
営業時間:11:30〜15:00　17:00〜21:00
定休日:月曜日、第3火曜日

## 女性にも人気の町中華

妻が「行きたい町中華がある」と言う。これまで町中華に行きたいなんて言ったことがない妻がなぜかと思えば、食べたいメニューがあるそうだ。というわけで、土曜日のお昼にこちらのお店に出かけた。家から歩いて行ける距離にあり、僕もこれまで何度か訪れたことがある。場所は奥浅草ともいわれる、浅草寺から言問通りを越えたエリアで観光客はあまり来ないところだ。

お店の前まで行くと行列ができていた。並んでいるのは女性が多い。町中華といえば、男性客が多いと思い

パクチーがたっぷりのっかったラーメン

がちだが、この時は女性が多かった。10人近く並んでいたが、行列は早く進み、ほどなく入店できた。妻が注文したのは「パクパクパクチーそば」。なるほど、パクチー好きだもんね。まわりを見れば、他の女性客も同じくパクチーそばだ。しばらくして、パクチーそば到着。いっしょにナンプラーや胡椒が提供される。かなりのパクチーが丼を覆っているぞ。すごいな。少しいただいたが、これがけっこうな美味。

この日僕はかねてからいただきたいと思っていた、中華丼を注文。中心に目玉焼きがのっかったビジュアルは独特だ。半熟の黄身を崩しながらいただく。これがなかなかうまい。

**小学校4年生から料理をつくっていた4代目**

最初にうかがったときは「さんまんめん」というメニューに目が留まった。さらに「広東めん」にも目がいった。フロアの若い女性に「広東めん」ってどんな

真ん中に目玉焼きがのっかっている中華丼。先代からのスタイルだ

んだろうとうかがえば「さんまんめんに錦糸卵がのっかったものです」とのこと。さんまんめんもよくわからない。神奈川県にあるサンマーメンのことか。けっきょく「広東めん」を注文。料理がくる間に再びメニューを眺めると活字のメニューのほかに手書きで「清そば」というのがあった。なんだか、これもナゾだなぁ。と、広東めんが着丼。肉と野菜を炒めた醤油味のラーメンに錦糸卵をのっかっている。

その後も何度となくこの店に通ったが、どのメニューもハズレがなくおいしかった。つくっているのは中年の男性で寡黙なタイプのように思えたが、実際はまったく違っていた。これは町中華あるあるともいえる。たいていの方が調理中は寡黙だ。

しかし、『散歩の達人』(交通新聞社)の連載に登場してもらったときのこと、とにかくよくしゃべり、おもしろい方だ。それが4代目の植木隆一さんだ。以前

広東めんも独特なビジュアル。さんまんめんに錦糸卵がのっかっている

見た「清そば」についてうかがえば、植木さんの後輩の清（きよし）という人がこちらのメニューを3周したというので、なにがほしいか聞いたら、自分の名前のついたメニューがほしいというので作ったのだそうだ。鶏肉のチャンポン風。裏メニューとして今も出しているそうだ。

メシ通というサイトで僕が連載している「料理人のまかないメシ」でも植木さんを取材させていただいた。そのレシピは小学校4年生のときに自分のおやつ用につくっていたというケチャップチャーハン。親から包丁の使用を禁じられていたので、ウィンナーを手でちぎり、ご飯、卵、バター、ケチャップとともにフライパンで炒める。ポイントは少し焦がすところ。香ばしい香りがして塩コショウをしなくてもおいしくいただける。小学4年生でこんな料理をつくっていたなんて、4代目は天才料理人かもしれない。

(上)あさひの4代目ご主人。植木隆一さん
(下)五目チャーハンも錦糸卵がたっぷり

**隊員オススメメニュー**

中華丼　950円
炒飯　750円
パクパクパクパクチーそば　900円
さんまんめん　850円
広東めん　1000円
ちゃんぽん　900円
しょうがそば　750円

**そして5代目に引き継がれていく**

植木さんによれば、昔の資料が残っていないので、創業年はよくわからないけれど、戦前からやっているそうだ。「もともとは置屋をやっていたみたいなんです」とのこと。置屋とは芸者を派遣する仕事だ。そこから料理を出前する店となり、町中華になっていったそうだ。

現在は息子で5代目の隆正さんがホールを担当している。父親とは違ったタイプのように思える。5代目が切り盛りする町中華はどんなふうになるのだろうかということを考えるのも町中華の客としての楽しみのひとつではないかと思う。

（下関マグロ）

# デカ盛りなのに胃もたれゼロ朝鮮焼きの不思議

## 百亀楼(上中里)

住所:北区上中里1-47-34
電話:03-3917-6184
営業時間:11:30~14:30　17:00~21:00　(木曜日~23:00、土曜日・祝日~20:00)
定休日:日曜日

**胃もたれゼロの百亀楼マジック**

静かな住宅街の坂道の夕闇にぼうっと明かりが灯り、デカ盛りが有名なこちらのお店が現れます。味わい深いお品書きの黄色い札を眺めていると、「朝鮮焼ライス」(840円)の文字が。朝鮮焼きとは一体?

あえて何も聞かずにオーダーしたところやってきたのは、「えっこんなに!」と驚くほどどっさり盛られた焼肉でした。肉自体の量が多いうえにキャベツもこんもり。そしてさらに、プチ野菜炒めや、ぎょうざ2個まで! 一口頬張ると意外なほどさっぱりした食べ口で、スルスルと口に入ってきます。あれ、なぜかお腹

（左上）皿からあふれ出す大盛焼飯650円。パラパラなのにうるおいのあるごはんが、うっすらとラードを纏っている。にんじん&玉ねぎの甘味がほんのり（右上）朝鮮焼ライスには小鉢がたくさん!スープまたは味噌汁がつく（左下）黎明期を支えた味噌汁は今も初代おかみさんが担当

が重くない！心地よい満腹感に腹をさすりながらも、狐につままれたような気持ちで帰りました。次の日も、胃もたれ一切ナシ。なんだったんだ、あの魔法みたいな料理は……！そんな驚きが消えず、再訪。「小さい頃、親父に連れられて行った朝鮮料理屋にあった焼肉を真似て作ったのが朝鮮焼です。このあたり、特に十条なんかは焼肉屋が多かったんだけど、当時は焼肉屋とか韓国料理じゃなくて、朝鮮料理って呼んでたんです。誕生から3回肉が変わっていて、今がベスト！」と2代目店主の井上竜太さん。見た目がヘビーなのに胃もたれしないのは、しゃぶしゃぶのような薄切り肉を使い、脂を落として調理しているから。さらに、使っている炒め油もひと役買っているそう。そんなワケあって、どの料理も盛りがいいのにスルスル食べられてしまいます。それにしても、サービスよすぎ！「まだお皿出てくるの！って言われます（笑）」と妻の美和さんは笑います。

みそラーメン650円は町中華屈指の個性派。まろやかなナッツがなんともクリーミーだ

## ピーナッツのコクが命の味噌ラーメン

もうひとつの看板メニューが、みそラーメン。にんにくや唐辛子の入ったピリ辛系や、和風でコーンが入ったものを想像していましたが、これだけ独創的なみそラーメンは初めてです。スープを飲んでみると、ナッツのようにまろやかで、ほんのりクリーミー。味噌味のクリームシチューみたいなスープが、疲れた体をほっとほぐしてくれます。この味わいは、田舎みそと白味噌を合わせて、すったピーナッツを加えることで生み出されているそう。ところどころにほろっと砕かれたピーナッツが入っていて、田舎みそのような食べごたえと懐かしさを生んでいます。こちらももれなくデカ盛りなのですが、朝鮮焼き同様、胃もたれナシ！デカ盛りで語られることが多いけれど実は胃にやさしい名店なのです。

ご主人おすすめのレバニラいため540円。火の通り加減を絶妙に調整して、柔らかな食感に仕上げている

**盛りだけじゃない、人へのやさしさ**

同店がオープンしたのは、東京オリンピック直前の昭和39年3月27日。井上さんの父・元治さんが、タクシーや立ち食いそばの仕事を経て独学で始めたのだそう。「以前は上中里駅の駅員さんに出前したりもしていて、今は新幹線の運転手さんや印刷局、警察の方などたくさんの人に通ってもらってます。本当に感謝です。初めはカレーとラーメンと朝鮮焼きの3品しかなかった。でも、今の『松屋』みたいに味噌汁をタダで付けてたから流行ったんです。昔は味噌汁と卵くらいで済ませて、おかずなんかいらなかった時代だから。一時流行らせようと思ったら簡単なんですよ。でも50年も続けられるのは、肉屋さんとか酒屋さんとか、そういう人達がウチの店を支えてくれるから。だから絶対店をつぶしちゃいけないんです」と真剣に語る井上さん。55年も店が続いてきたのは、単に盛りがいいからではなく、業者の方やお客さんとのやりとりを何より大切

（右）日本酒700円〜。品揃えに通も納得！この日のラインナップは「十四代」「くどき上手」など。これだけ日本酒が揃っている町中華は貴重だ。八海山をはじめ、飲む人多数！（左）ご主人「開店から55年、楽しかった！働く奥さんがいるからね」

にしているから。「キャバクラに行くまえに寄っていくお客さんのリクエストでできた『キャバ豆腐』って裏メニューもあるんですよ（笑）」そんな愉快なエピソードからも、お二人とお客さんの笑顔が浮かんできました。

（増山かおり）

**隊員オススメメニュー**

ラーメン　480円
チャンポン　750円
ソース焼ソバ　690円
中華カレーライス　700円
カツ丼　890円
肉丼　780円
オムレツライス　880円
肉豆腐ライス　780円

# 奥様と娘さんで、初代の味を守っている老舗町中華

## 玉屋（十条）

住所:東京都北区十条仲原2-3-8
電話番号:03-3908-0068
営業時間:11:30〜15:00
定休日:月曜日、木曜日

### 少し遅すぎた初訪問

商店街についての原稿を書いている時期があり、いろいろな商店街をめぐっていた。十条商店街にも何度か足を運んだ。十条駅から伸びる十条銀座商店街のアーケードが終われば、その先は富士見銀座商店街となる。ゆるやかな坂をのぼり、もうすぐ環七だという場所に素敵な町中華を見つけた。それが『玉屋』だった。まるで、昭和で時間が止まったような店舗ファサードで、ちょっと色あせたのれんが素敵だった。

外観だけを撮影し、その時訪問しなかったのが悔やまれる。初訪問をしたのは、それから少し後の２０１６

最初にうかがったときは仙人ラーメンにカレーライスのセットをいただいた

年1月。引き戸を引いて入ると、店内はまさに昭和の飲食店。壁に貼られているメニューは2種類あった。ひとつは昔から使っているプラスティックに書かれたメニューで上部に穴が開いていてフックにひっかけるようになっている。売り切れたら裏返すといったことができる仕組みだ。もうひとつは今風にパソコンでつくられた大き目の書体で書かれたものだ。これらを見ると、メニューを絞り込んで営業しているようだった。ご主人はいらっしゃらず、たぶんその奥様、その娘さんらしい若い女性の2人で営業していらっしゃった。

仙人ラーメンとカレーのセットをいただいた。まず、「仙人ラーメン」というネーミングがすごい。いただいてみると、なるほど醤油味のやさしい東京ラーメンというかんじだ。煮干し、鰹節だしを感じる昭和の味といっていいだろう。

それから、カレーライスも懐かしい味だ。カレーと仙人ラーメンを合わせていただくと、これはきっとメ

ラーメンもカレーライスもおいしいので、「カレーラーメン」はなおさらおいしい

ニューにあるカレーラーメンもおいしいはずだと思った。

**カレーラーメンがおいしい!**

1カ月たたないうちに僕は玉屋さんを訪問した。もちろんカレーラーメンをいただくためだ。4人掛けのテーブルに1人で座る。壁に雑誌の記事が貼ってあった。それによれば、1957年(昭和32年)に田沼昭三郎氏によって開業されたそうだ。店主の昭三郎さんは、この記事で味見の大切さを強調している。自分でもラーメンを毎日1、2回作って食べるといい、さらに「妻にも必ずスープの味を毎日味見してもらっています」と語っている。そんな記事を読んでいると、カレーラーメンがきた。スープをいただいてみると仙人ラーメンのスープがベースになっているようで、やさしさのなかにカレーのスパイシーさがある。具材は豚バラとタマネギのみというシンプルさもいいね。スー

タンメンはどこかほっとするやさしい味わいだ

プをほぼ飲んだころ、小ライスを注文すればよかったと思ったが、時すでに遅し。

それにしてもゆっくりと時間が流れているいい雰囲気のお店であることもわかった。『散歩の達人』（交通新聞社）で僕たちがやっている連載に登場していただこうと思い、隊員の増山かおりさんが訪問したが、ずっと店が閉まっているようだとのことだった。あとで、わかったのだがお母様が関節の手術のために1か月ほど店を閉めていらっしゃる時期だった。

**母娘で初代の味を継承している**

取材の機会がやってきたのは、2018年の6月。テレビ朝日のスーパーJチャンネルでロケをさせていただいた。やはり、初代の昭三郎さんは他界し、現在は奥様の志津江さんと、娘さんの千佳さんがお店を切り盛りされている。志津江さんは、直接先代から調理法

(上右)左が母の田沼志津江さん、右が娘の千佳さん。現在は2人で店を切り盛りしている(上左)カレーラーメン750円(下)裏メニューだった焼肉ライス(900円)も人気

を教わったわけではないが、そばで見ていたので、試行錯誤の末、ああ、この味だというものにたどり着くことができたそうだ。そうさせたのは、昭三郎さんが志津江さんにさせていた味見だと思う。

こうして味は引き継がれた。そのおかげで、我々も初代の味がいただける。

（下関マグロ）

**隊員オススメメニュー**

ラーメン　６００円
タンメン　７００円
カレーラーメン　７５０円
カレーライス　８００円
チャーハン　７８０円
餃子　５００円
ラーメン・カレーセット　８５０円
ラーメン・小焼肉セット　８５０円
ラーメン・半チャンセット　８５０円

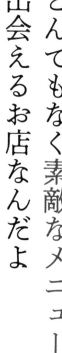

# とんでもなく素敵なメニューに出会えるお店なんだよ

## ゑちごや（本郷）

住所:東京都文京区本郷4-28-9
電話番号:03-3812-7490
営業時間:10:30～17:00
定休日:不定休（要問合せ）

**初代は新潟県から歩いてやってきた**

本郷といえば、散歩が趣味の人なら歩いてみたい街だろう。僕も散歩関係の記事を書くために何度も足を運んでいる。赤門で有名な東京大学があり、一般の人もキャンパス内に入れる。また、明治の文学者などのゆかりの場所などが多くある。とくに樋口一葉が住み、彼女が通った質屋の跡が今も菊坂にある。この菊坂をくだり、もう少しで言問通りだというところで老舗の和菓子屋を見つけた。店頭には食品サンプルのケースがあり、ラーメンやタンメンなどが並んでいる。ここ『ゑちごや』は、甘味と中華を出す店だ。都内にはいく

つかこういうスタイルの町中華があって、僕は〝甘味中華〟と呼んでいる。

さっそくのれんをくぐってみることにした。のれんには「創業明治10年」とあった。こ、これは日本最古の町中華かもしれない。カウンターとテーブルが3つあった。カウンターに座りメニューを見た。あった、あった、甘味中華にしかないメニュー「もち入りラーメン」だ。「甘味中華」ではなく「餅中華」と呼んでもいいかもしれない。現在三代目になるという太田泰（ゆたか）さんによれば、餅が自家製なのは当たり前だが、麺も自家製だそうだ。古い製麺機を使っているのだと話してくれた。

ところで、創業明治10年について聞いてみた。初代が新潟から歩いてやってきて、最初にここで青果店を営んだのが、明治10年なのだそうだ。最初は青果店だ

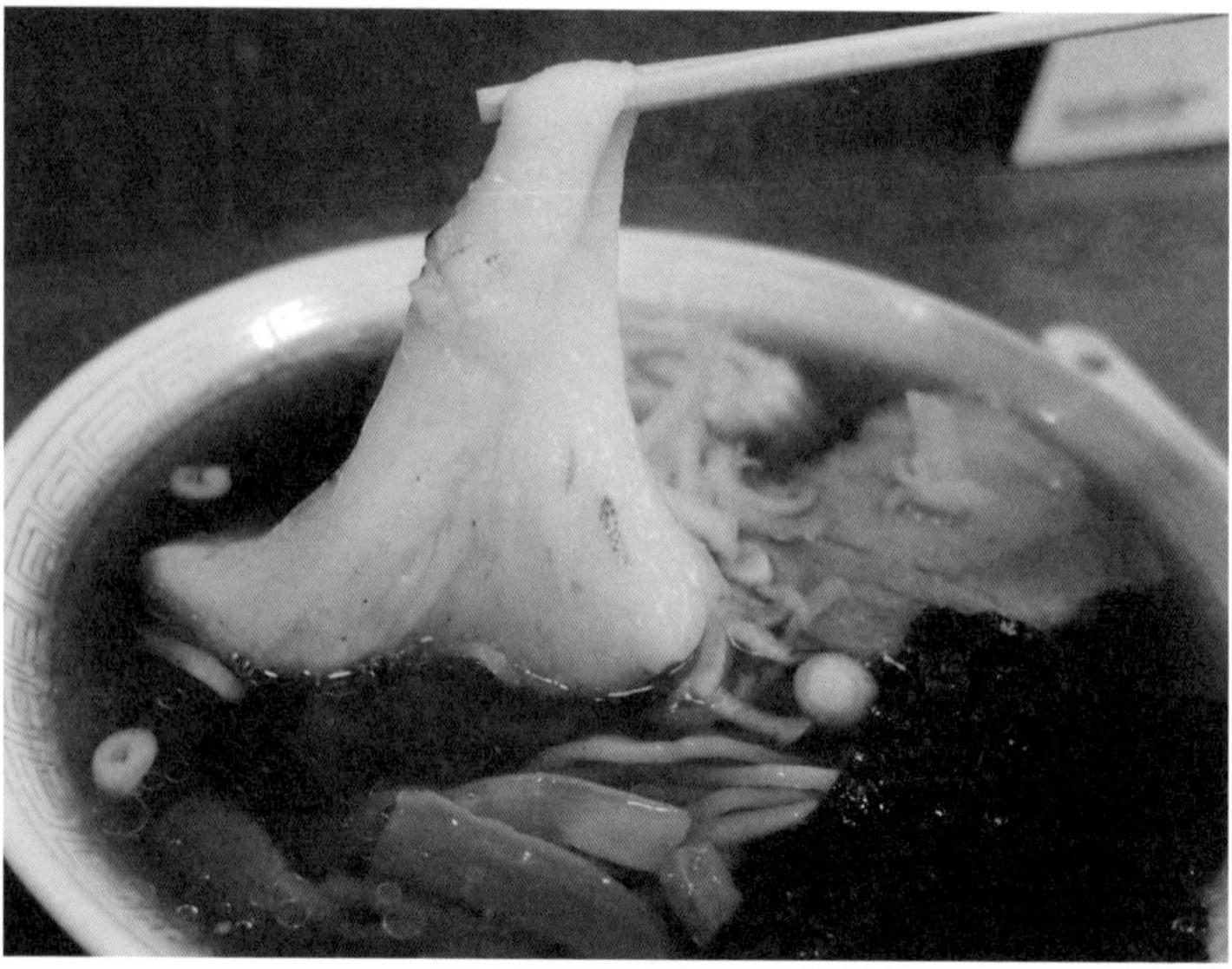

ったんだね。
大正時代の終わりごろになると夏はかき氷を出し、これがけっこうヒットしたそうだ。二代目は旋盤工だったのだが、腕をけがして店を手伝うようになる。三代目が生まれたのが昭和11年。三代目が20歳のときに突然父親が亡くなる。
とにかくがむしゃらに働いた。というのも、まだ小さな兄弟たちがいたからだ。

**独特のメニューが存在する**

朝早く起きて和菓子をつくれば、あとは客に売るだけだから、もう少し商売の幅を広げようと根津にある『オトメ』で仕事が終わったあと、皿洗いをして、中華丼やタンメンのつくり方を教えてもらった。これが町中華へのスタートとなる。そのため、こちらの中華丼は目玉焼きがのるという独特のビジュアルだが、それも『オトメ』のスタイルそのままなのだ。

あんみつ500円

さらにこちらには珍しいメニューがある。それが、「野菜サラダ定食」だ。野菜サラダにしらすおろしなどがついた定食だった。こういったユニークなメニューを作り出すのも町中華の特徴だともいえる。

**うれしそうに見せてくれたPayPayのセット**

『散歩の達人』（交通新聞社）で定食の特集をするというのでこの野菜サラダ定食を紹介させていただいた。そんな関係で2018年の暮れは何度かお店にうかがったのだが、83歳の店主の太田さんが、少年のような笑顔で僕に箱を見せてくれた。中にはスマホで決済するPayPayのキットが入っていた。「これやるんですか？」思わずそう聞いてしまった。太田さんはニコニコ笑いながら「来年からやろうかと思ってんですよ」と言う。

というわけで、2019年になってPayPayで支払おうとお店に向かった。僕はいち早くPayPa

（上）大田泰さん（83歳）（下）中華丼には目玉焼きがのっかっている

**隊員オススメメニュー**

もち入りラーメン　６８０円
タンメン　６８０円
カレーライス　６００円
中華丼　７５０円
ツナハンバーグ定食　７００円
野菜サラダ定食　７００円
いそべ巻き　３８０円
あんみつ　５００円
みつ豆　５００円

yをスマホに入れて買い物をしているのだけれど、町中華で使うのは初めてだ。考えてみれば、これまでラーメンを食べていなかったな。これは、町中華あるあるかもしれないけれど、基本のラーメンをいただいていなかったのでラーメンを注文。あれ、麺の太さがいろいろで細いのもあればうどんのように太い麺もある。「親父さん、製麺機が調子悪いのですか？」と聞けば、「麺を切るところが壊れちゃったんで、自分で切ったんですよ」とのこと。食べ終えて、ＰａｙＰａｙで支払いをした。「どうですかＰａｙＰａｙ？」と聞けば、「あんたでまだ４人目だからよくわからないよ」。町中華で初めてＰａｙＰａｙを使ったけれど、それが創業明治10年のこちらのお店だったとは、おもしろいものだ。

（下関マグロ）

# オトメな店内で過ごす優雅な時が未来へ続く

住所:東京都文京区根津2-14-8
電話:03-3821-5422
営業時間:11:30～15:00　17:00～21:00
定休日:水曜日
※現在、改装のため休店中（2020年3月新装開店予定。価格変更の可能性あり）

## オトメ（根津）

**店内のすべてがオトメ一色**

探検隊の女３人で町中華に行くんです、とマグロ隊員に話したところ、おすすめしてもらったのがこちらのお店。シックに光るシャンデリア、そして卓上の銀色の花瓶にあしらわれた花の可憐さに、足を踏み入れるや否や虜になったのを覚えています。ウッディな壁やアイアンワークの仕切りを愛でつつ、店内にゆったりと流れるクラシックを聴きながら、国産ワインのグラスを傾けるひととき……。職人さんの汗と熱気みなぎる町中華とは１８０度異なるアプローチに、メンバー全員ノックアウト。店の隅々まで行き渡るエレガン

改装後もこの風景の記憶と共に

スを胸いっぱいに吸いながら、1杯、また1杯と杯を重ねてしまいました。

でもよく考えると、もしテーブルの上の料理がなかったら、中華要素はゼロです。それなのにまぎれもなく「町中華だ」と感じたのは、純喫茶のようなこの空間に、確かに昭和のにおいを感じたから。そして、店づくりを楽しんでいる店主の姿勢が店のすみずみに感じられるからなのだと思います。

そのひとつが、他店ではちょっとお目にかかれない料理と器のコンビネーションです。町中華の器といえば、無地あるいは龍や鳳凰などの柄が入った中華皿＋店名というのが定番ですが、オトメの器は料理によって和洋さまざま。このメニューはどんな器で来るのかな？　あ、あの料理の器もキレイ！などとワクワクできるのもオトメならではの楽しみなのです。そのマッチングを楽しむ意味でも、まずは中華丼をオーダーすることをおすすめします。丼の真ん中でツヤツヤと輝

あんに頼らず、ボリュームある具材でしっかり勝負する中華丼700円。上品な雰囲気だが味はしっかり目で食べごたえあり

く目玉焼きをそっとめくると、多種に渡った具材があざやかに並んでいます。牡丹のような花があしらわれたエレガントな器はまるで額縁のよう。真っ赤な「オトメ」の手描き文字が躍る箸袋もかわいくて、行く度につい持ち帰ってしまいます。

**パン屋から中華料理店へ**

そんなオトメの歴史を尋ねると、前身は、なんとパン屋だったとか。定食屋や日本そば屋などほかの業種から転業した町中華は数ありますが、パン屋からというのはかなりのレアケースです。

「各家庭に配給された小麦粉をお客さんから預かってコッペパンを焼いて、手数料をいただいていたんです。アメリカ側が無料で全寮制のパンの学校を運営していたので、焼き方はそこで教わりました」

栃木県出身、大正13年生まれの初代・落合光（みつ）さんの証言から、町中華の勢力図にアメリカの手が及

具だくさんの五目そば800円を、落ち着いた和の器が引き立てる

んでいた事実まで浮かび上がってきました。

戦後の焼け野原の中すぐパンの仕事を始め、昭和21年11月には早くも会社をスタートさせていたそう。根津界隈にあった3つの支店のうちの一つが中華料理店も兼ねており、それを引き継いだのが現在の「オトメ」になっています。中華のほうがパン屋よりも商売がうまくいくとみて、昭和41年からは中華一本となりました。

「パン屋時代は小学校の給食や映画館のほか裁判所にもパンを納めていて、帰りに傍聴して帰ってきたりもしました」と二代目の秀雄さんも思い出を語ります。当時は山崎製パンや敷島製パンと肩を並べる存在だったそう。個人経営のレベルを超えた規模が伺えるエピソードです。

**改装を経て、新たな時代へ**

そんなオトメは、一からの建て替えを経て、令和2

昭和30年代のオトメ店頭の写真（初代・落合光さん提供）。「明治ミルクチョコレート」や「アイスクリーム」の文字が見える

2代目の落合秀雄・都夫妻。秀雄さんは3代目の晃太郎さんと共に調理、都さんはホール担当とともに花の面倒をみている。「陶器市などで気に入った器を選んでいます」と都さん

年3月より新装開店することが決定しています。今までの店舗のトレードマークでもあったシャンデリアをはじめ、雰囲気をできるだけ残した改装となるそう。

２０２０年の東京オリンピックに向け町中華の閉店が続く中で、次の時代にも新たなオトメファンが増えていくことが嬉しくてなりません。

（増山かおり）

**隊員オススメメニュー**

五目カタ焼そば　１０３０円
ナポリタン　８８０円
オトメそば　９３０円
カニ玉子と白菜のあんかけそば　９３０円
ひな鳥の唐揚げ　１１５０円
ゴカヒサワー　４５０円
信濃ワイン　６００円

# これが伝説のラーメン ご唱和ください！「ンマーイ！」

## 松葉（東長崎）

住所:東京都豊島区南長崎3丁目4?11
電話:03-3951-8394
営業時間:11:00〜15:00　17:00〜20:30
定休日:月曜日（祝日は営業）

### 小池さんが食べていたアレ

「絶対注文したい」料理というものがある。ここに来たらコレを食べとかなきゃという絶品、古くから愛される定番。本書は正にそういった、町中華の傑作を集めた本なのだけど「松葉」におけるそれは、間違いなくトキワ荘ラーメンライスだ。この名前をつけられたら、注文するしかないじゃん。そう、この店はマンガの聖地トキワ荘から目と鼻の先にあり、トキワ荘のマンガ家に愛されていた店だ。『まんが道』で満賀たちが「ンマーイ！」と食べていたアレ。ラーメン大好き小池さんが食べていたアレが今も食べられるのだ。

ほとんどの客が注文する「トキワ荘ラーメンライス」。1回は食べておきたい

もうそれだけで興奮する。という藤子的なあまりに不二雄的な感慨だけでなく、この店に関して僕はもう1つ違う感情を抱く。それは郷愁というかノスタルジーというか。もちろん、誰が見ても「わ、昭和！ 懐かしい」佇まいなのだけど、極めてパーソナルな懐かしみを噛みしめるのだ。というのも、この店がある東長崎界隈は僕が上京して初めて住んだ街。引っ越しを1度経験し計8年。2軒目の家は松葉と同じ通り沿いで、自転車1分の距離だった。故郷福島の方言が抜けないウブな学生時代、似合わぬスーツを着込んで駆け回っていた会社員時代、この店を見るだけで、当時の記憶が思い出される。泣きたい思い出などあまりないはずなのにどうしてだろう、松葉の前に佇むと、なぜかウルっときてしまうんだ。ほら、この文章もなんだか湿っぽくなってきた。けれど正直、当時松葉に来たのは2、3回。お金がなく自炊が多かったのだ。トキワ荘ラーメンライスはだから、なかなか手が出なかった憧れ

のメニューということになる。

**トキワ荘住人の心を掴んだ「パンチ力」**

この店のラーメンを紹介するウェブ記事などを見ると、ほぼ100%で「昔懐かしい」という文言が見られるがそれだけが魅力ではない。醤油がガツンとくるパンチ力。これぞ、トキワ荘住人が愛してやまなかったラーメンの真髄じゃないか。考えてみれば当時のトキワ荘の人たちは皆、20代の若者。パンチの効いた濃い味が彼らの心を掴んでいたのでは。そしてこのラーメンは分厚いチャーシューも美味。しっかり煮込まれたチャーシューはライスとも抜群に合う。次回はチャーシューメンを食べようと心に決めた。

今、このラーメンの味を引き継いでいるのは山本麗華さん。旦那さんのお父さんが初代、旦那さんが2代目、だから彼女は松葉の3代目主人ということになる。

焼きそば、唐揚げ、ラーメン以外も感動モノ。2回以上の来店を強くオススメします!

中国から日本に嫁いで来た彼女は日本に来るまで「ラーメン」を食べたことがなかったそう。「中国にはラーメンはないんです。ラーメンは日本の文化ですよね」と、山本さんは笑う。もともとホールに立っていた彼女が厨房に立つようになり、13年。時代や街が変わっていく中、彼女はその細腕一本でこの異国の「文化」を守り続けてきた。

と、ラーメンに対する思いを書き連ねて来たが、この店はラーメンだけで満足してしまってはもったいない。ラーメン以外も絶品ばかり。肉入り焼きそばは、その名に偽りなしで肉のボリュームがスゴい。これだけでビールが進む。そして、うす衣で食べやすい唐揚げと一緒に頼むべきはチューダー(チュウハイのサイダー割)。こちらもトキワ荘ファンなら外せない。と、書いていると本当に後悔ばかりが募る。なんで大学生の僕は、サラリーマンの僕は、松葉に通わなかったのだろう。また東長崎に引っ越そうかしら、そのくらいの気

持ちが生まれてしまう。2020年、近くにトキワ荘のミュージアムができる。この店がさらに注目を浴び混雑することは確実。だがトキワ荘よりこっちが東長崎散歩の本命、一度は松葉の味を堪能してほしい。

（半澤則吉）5

**隊員オススメメニュー**

トキワ荘ラーメンライス　700円
から揚げ定食　700円
焼肉定食　700円
ソース焼きそば　500円
肉入り焼きそば　750円
トマト玉子炒め定食　750円
炒飯　600円
ワンタンメン　650円
チューダー　350円

# 昭和6年創業の老舗の看板 自家製蕎麦と中華そば

## 春木家本店（荻窪）

住所:東京都杉並区天沼2-5-24
電話:03-3391-4220
営業時間:11:00~15:00　17:00~21:00
定休日:木曜日

### 住宅街の真ん中にある名店

春木家本店はその名を口にする機会が多い店だ。それには2つの理由がある。

1つ目の理由はこの店が「春木屋」のルーツ店であるということ。荻窪駅前の行列ができるラーメン店、春木屋はラーメン好きならずともその名を知っているような有名店。実はこの店から歩いて5分ほどの住宅街にあるのが「春木家本店」なのだ。平成元年に店を改装したのを機に「屋」ではなく「家」と名前を改めた。駅前、春木屋の初代は春木家本店の初代の妹夫婦なのだそう。駅前の行列店しか知らないのはもったいない、

今も昔もずっと二刀流。日本蕎麦も中華そばも一切妥協なしの自家製麺

と僕はいろんな局面でこの店の名前を口にする。

そして2つ目の理由、それはとにかくこの店が素敵すぎるということ。

春木家本店を出るときの感想は、「おいしかった」ではない。いや、もちろん「おいしかった」という想いはあるのだけど「幸せだなあ」という気持ちにいつもさせてもらえる。それはなぜかを伝えるためには、やはり「おいしかった」という話からしないといけないだろう。

この店は昭和6年創業の蕎麦屋だ。中華そばも看板料理なので僕は町中華と認識している。初代はそば処の長野出身で、この地に店を開いたときから今日に至るまで日本蕎麦と中華そば、両方自家製にこだわり続けている。それゆえに、中華そばも蕎麦もどちらも本当においしい。この2つは、まったく違う料理のはずだがこの店の丼を傾けるとなるほど、どちらも出汁が上手に作れていないとおいしくいただけない料理なのだ

と、毎度気づかされる。料理の基本が出汁であり、それを丁寧に作ることがいかに大事なのか。春木家本店の料理はいつもそれを、僕に教えてくれるのだ。

**中華そばと蕎麦いずれも一級品**

まず食べて欲しいのはなんといっても中華そば。澄んだスープにメンマ、チャーシュー。そして三角形の海苔が乗る。シンプルだからごまかせない。ラーメンが難しい料理であることを痛感する。春木家本店のラーメンは最初の一口から最後までずっとおいしく、気づけばいつも丼が空になる。完食せずにはいられない食べやすさなのだ。

そして2回目に来たら（もちろん初回でも）ぜひ、粗挽十割蕎麦を。なるほど蕎麦屋だけあって、蕎麦も絶品。香り、のど越し、風味。どれも文句なし。つゆを付けずにまずは蕎麦をゆっくりと噛みしめたい。

そしてこの2品を食べたら、もう好きに春木家を味

メニュー豊富で飽きるということがない! ここで一杯やるのが何よりの至福のとき。麺に丼に一品料理、その幅の広さに感動

わい尽くすべし。蕎麦屋ゆえにカレー南蛮、鴨南蛮、天ざると蕎麦のレパートリーが実に広い。そしてカツ丼、親子丼、天丼とご飯ものも充実している。夏には冷やし中華、そして冷やしむじなど季節を楽しめる一品も多く一年通して魅力がいっぱいだ。

そしてそして、肉じゃがなどつまみも多いので酒をちびちび飲む店としても文句なしだ。

と、これだけでは、料理のおいしさを紹介したにすぎない。この店には「幸せだなあ」と感じる要素がまだまだほかにある。そう、何より人が温かいのだ。

3代目店主、古川善啓さんは荻窪生まれ荻窪育ち、ちゃきちゃきの江戸っ子で、とにかく気持ちの良い人だ。初めて出会ったのは飲み屋で、そのこともあってか、いつも僕をやさしくかまってくれている。帰り際にかけてくれる、「ありがとう」という声には、いつも背筋が伸びる。どれ、仕事を頑張るかという気が起き

る。おかみさんの、「行ってらっしゃい」という声も訪れるたび僕を癒してくれる。明日も頑張ろうと、そう思う。この店、実は僕の最寄り町中華だから、多いときはお二人の声を週に何度も聞かせてもらえる。「ありがとう」「行ってらっしゃい」。だからこの店を出る度に「幸せだなあ」と感じられるのだ。こんな店の常連になれてよかった。町中華を好きで、本当によかった。

（半澤則吉）

**隊員オススメメニュー**

中華そば　720円
タンメン　900円
五目中華そば　1300円
親子丼　950円
カレー南蛮　950円
鴨南蛮　1100円
肉じゃが　550円
体力入麺　1100円
エビス生（タンブラー）　500円

# 大衆食堂のプライド
# 炭水化物×炭水化物の定食

## 光陽楼（荻窪）

住所:東京都杉並区天沼3-12-7
電話:03-3392-2929
営業時間:11:30〜15:00　17:30〜23:00
定休日:毎月10日、20日、30日

### ほかにはないオリジナルすぎる定食

麺に米。光陽楼には当然のように炭水化物×炭水化物の定食がある。しかも半チャンラーメンのような定番ではなく、汁なしマーボー麺定食、つけ麺定食と、オリジナリティあふれるセットメニューなのが面白い。

麺だけでも相当ボリューミーだからなかなか食べきれない。だが、これが思ったよりとスルスルいけちゃうのが光陽楼のスゴいところ。麺を単品で注文しようとすると、「ご飯があったほうがいいよ」とおかみさん。確かに花椒たっぷりでシビれる辛さのマーボー麺も、クリーミーで具沢山のつけ麺も、おそろしく濃厚。だか

2種の豆板醤とラー油、そしてたっぷりの花椒が香る一品。爽やかな辛さはリピート確実

ら米は完走するための「給水所」的存在になる。麺を米にバウンドさせたり、勝手にマーボーご飯を作ってかっ喰らうというスタイルがむしろ正しい。

この店、ほかにも野菜を390g も使用したタンメンが有名。とにかく満足できる店、一度たりとも「お腹一杯」にならなかったことはない。このスタイルはどこから来たのだろう？　店主の佐京重男さんにお話をうかがった。

**実はゆるチェーンの有名店！**

「もともと下町、労働者の街にあったからね、一膳で満足してもらうっていうのは大事なんですよ、だから自然、量が多くて味は濃いめになる」。店主の佐京さんによれば、初代（左京さんのお父さん）は北千住からこの荻窪に移ってきたそう。昭和41年にこの地にやってきたときは、「荻窪なんてやめとけ」と周囲から反対の声もあったというが店は見事成功。そして平成8年

ジューシーな豚バラと大量の野菜。こんなに豪勢なつけ麺はここでしか見られない!

に佐京さんの代となり平成15年、数百メートル離れた環八近くの今の場所に移った。引っ越しても代替わりしても下町根性は変わらず、「大衆食堂」としての中華屋であることに誇りを持っている。

「光陽楼」、そう聞いてあれっと思った読者の方もいらっしゃるかも。だとしたらあなた、相当な町中華好き！というのも光陽楼は最盛期、50店舗近くまで店舗数を増やした「のれん分け」の有名店だ。昭和30〜40年代、数多くの若者たちが光陽楼で修行を経て独立、東京の各地にそののれんを増やしていった。店舗数こそ少なくなったが今でも大規模のれん分け店として、町中華研究に外せない存在となっている。そんな歴史的見地からもこの荻窪「光陽楼」は何度だって、足を運びたい店だ。

## 男も惚れる店主の男気

と書きながらもいやいや、研究だの歴史的見地だの

関係ねえや、とも僕は思っている。単純に、そう単純に、僕はこの店に惚れているのだ。料理がうまい。飲んでも楽しめる。そして何より佐京さんの男気に惚れている。「春先、地方から来たような若いお客さんの顔は覚えますね。で、お盆や正月時期など実家に持ってけよとうちの焼酎あげたりするんですよ。そうすると親御さんも喜ぶでしょ」。今の時代なかなか、そんな粋なことできない！　確かにこの店、料理のカロリー計算や野菜の量を表でまとめてくれていたり、健康への配慮も細やかなのだけど、何より佐京さんの男気が素敵な常連を惹きつけているのでは。涙がちょちょぎれるほど、良い話だなあ。

あと、そうだなと佐京さんは続ける。「毎日のように来てくれてるサラリーマンが週末、彼女らしき人とくることがあってね。ほかにフレンチやイタリアン、デートする場所はいっぱいあるだろうに。『いつもここで食べてるんだ』といってうちを選んでくれる。あの瞬

「お客さんの健康のことはいつも考えてますよ!」

間はグッときましたね」。それもまた、メッチャいい話ですね、と頷きながら僕は考えていた。ここ光陽楼に彼女を連れて来て佐京さんにグッときてもらう、それを当面の人生の目標にしよう、と。

（半澤則吉）

**隊員オススメメニュー**

汁なしマーボー麺定食　９００円
つけ麺定食　９５０円
タンメン　８００円
ラーメンセット　８５０円
チャーハン　７００円
中華丼　８００円
マーボー丼　８００円
かに玉　１２５０円
中華風冷奴　３５０円

# 平均年齢なんと78歳 ご長寿中華の実力に感動！

## 幸楽（野方）

住所：東京都中野区野方6丁目25-14
電話：03-3330-8575
営業時間：11:45〜20:30
定休日：木曜日

**幸せで楽しいってお店**

「幸楽」という王道すぎる店名の由来をうかがうと、おかみの大渕みよ子さんはその由縁をついぞ耳にしたことがないと断りながら、こんな風に話してくれた。「幸せで楽しいってお店ってことじゃないの」。そういわれて、僕は確かにその通りですねと、膝を打ちたい気持ちになった。歴史とか所以とか取り急ぎどうでもいい。この店に来ると幸せで楽しい。確かにその通り！

麺はその昔、1・5玉を一人前としていたことから「ジャンボラーメン」をうたっている。店の看板にも大きく書いてあるから、さぞすごいのかと思いきや、そ

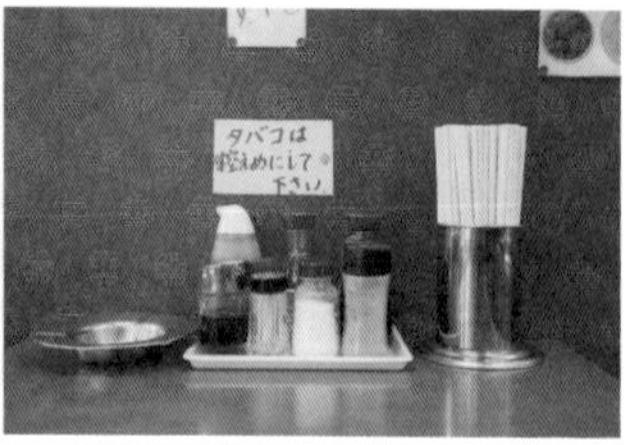

んなにびっくりするほど多くはなく、けっこう食べれちゃう。若い人が来たら多めに入れたり、年配の方なら少なめにしたりと客に合わせ調整してるというから「ジャンボ」だけがウリの店ではない。なるほど、ラーメン一杯にかける優しさだけでもこの店のホスピタリティの高さがうかがい知れる。なかでもたんめんは、野菜のうまみがぎっしりとスープに詰まっていて、食べやすい味。豚肉のコクがみごと溶けて、「ジャンボ」でもスルスル食べられるから不思議だ。

**セットメニューも単品も大充実！**

またセットメニューが充実、定食が多いというのも「幸楽」のウリだろう。実際ランチどきはお得なセットを目当てに近所のお客さんで大盛況だ。さらには一品料理も多くて総じてレベルが高い、ということも声を大にして伝えたいこと。中でもオムレツと酢豚はちょっと驚くほどおいしかった。味も濃く、おつまみに

最適。日曜の昼間4人で訪れたが、昼間に飲む店にも、ぴったりだなあ。ゆったりとした時間を過ごすことができ大満足だった。そう、メシ屋としても飲み屋としても優秀と、町中華として相当の実力を備えている。

もっというと店内のメニューにはもうやめてしまった料理に「休」とあったり、ファニーなポイントが多いのもたまらない。お店中、フォトスポットばっかりというのも幸楽の魅力だ。

**そして何より、ご長寿中華**

大渕みよ子さんはこの店に嫁ぎ、中華屋で働くことになった。彼女の旦那さんがこの店の2代目だったのだ。「幸楽」の創業は昭和25年。昔は中華そばメインの店で、近隣に出前を行っていて出前持ちだけでも7人もいたという。そんな昔の話を横から饒舌に語ってくれたのは、見目（けんもく）勝さん。昭和32年に栃木から上京、この店で働いている。と、取材中、お話を

常連さんでもなかなか知らない!? 従業員3人の意外な関係

聞いているうちに、「あれあれ？」と不思議な気持ちになってきた。そう、この夫婦感あふれるお2人は夫婦ではない。なんと兄妹だというのだ。え、どういうこと？ ここのところは超ややこしく流麗な文章で説明する自信がないので、以下箇条書きさせていただきます。

・見目勝さんと大渕みよ子さんは実の兄妹
・勝さんが上京し「幸楽」で働き初代の娘さんと結婚
・みよ子さんが上京し同じく「幸楽」で働き、初代の息子さん（勝さんの奥さんの弟）と結婚。

そう、見目家（栃木）と大渕家（東京）が兄弟同士で結婚し、この「幸楽」を守ってきたというわけ。兄弟愛がスゴすぎる！

え、というと、この貫禄あるお母さんは？ そう、この店で一番年長の山崎マサ子さんはなんとバイトさんとのこと。バイトの方だったという事実もそうだが、還暦前から働き始めて30年近くこの店に尽くしていると

定食屋としても飲み屋としても一流。いつ行っても、何を頼んでも大満足できる

聞いて、さらに驚いた。めちゃくちゃお元気じゃないですか。

そういっているうちに「ちょっと待って、計算してみるわ」と、みよ子さんはいきおいよく電卓を叩き始めた。「3人の平均年齢78歳だわ(笑)」。幸せで楽しい店は長寿を引き寄せる店でもある。なんとも縁起がいいなあ。

(半澤則吉)

**隊員オススメメニュー**

たんめん　780円
酢豚　1400円
餃子　440円
揚げ餃子　440円
オムレツ　580円
餃子セット　900円
焼肉セット　950円
とんかつセット　900円
サービス定食　850円～

# お店の名前を冠したミッキーライスが熱い

## ミッキー飯店（中野）

住所:東京都中野区本町2-17-4
電話:なし
営業時間:11:30〜14:00　17:00〜21:00
定休日:日曜日

**お店の名前を冠したメニューがなんとも素敵**

町中華の単行本にお店の名前を冠した丼の話を書き始めた。けっこうあると思っていたのだが、意外に少ない。そこで、ネットで探してみたのだが、ありそうでないとはこのことかと思いながらも、検索の範囲を丼からお店の名前が付いたライスやセットも検索してみた。それで見つけたのがこちらのお店。単行本の共同執筆者である北尾トロ、竜超とともに訪れたのが最初だった。

　壁には手書きのメニューが並んでいる。冒頭に「創業昭和四十四年の味」と書かれている。その次にミッ

キーライスだ。ミッキーメン、ミッキーカタやきそばというのもあった。その説明には「レバーと豚肉と野菜のピリ辛あんかけ」とあった。大丈夫かなと思った。というのも、僕はレバーが苦手なのだ。しかし、初志貫徹、僕はミッキーライスを注文した。

ところが出されたメニューを見てビックリ。ライスの上に全体的に茶色い餡がどっさりかかっている。全部食べられるかどうか心配になるほどだ。具材は人参、キャベツ、筍、椎茸などの野菜に豚肉、レバーなどはたっぷり。いただいてみると見た目ほど味が濃くはない。レバーは味付けされていて臭みなどがまったくないタイプだ。これはおいしい。気がつけば完食してしまっていた。

**ニンニクチャーハンの衝撃！**

次に訪れたのが『散歩の達人』（交通新聞社）での取材だった。僕と北尾トロ、半澤則吉、増山かおりの

4人で「町中華探検隊がゆく!」という連載をやっている。本文を4人が持ち回りで書く。原稿を書くのは4カ月に1度だが、座談会などを行うので毎回顔を出す。というわけで、またまた、ミッキーライスやミッキーメンをいただいた。このメニューは初代がお客から、なにかスタミナのつく料理をつくってくれと言われたので、レバー入りのピリ辛料理を考案したのだとか。

今、厨房をまかされているのは初代の息子さん。2代目のオリジナルメニューはないのかといえば、ニンニクチャーハンだそうだ。つくってもらったのだけれど、これがものすごくおいしかった。店で挽いた11種類のスパイスを使ってひき肉を炒めるのだとか。つくっている最中から店内にスパイスの香りが広がる。見た目はまっ黒なチャーハンで味が濃いのかと思うとそうでもない、ただ、あとからスパイスの香りが押し寄せてくる。クセになる味だ。このニンニクチャーハンが

ふと食べたくなり、ｆａｖｙというグルメ系のｗｅｂサイトで記事を書かせていただいた。この取材のときにどんな賄いを食べていらっしゃるのか聞いたら「レバー丼」だそうだ。それってミッキーライスの簡易版なんでしょうかと聞けば、まったく別とのこと。メシ通というこれまた食のサイトで「料理人のまかないメシ」という連載をやっているのだけれど、取材させていただけないかとお願いをしてみた。

**町中華の賄いをいただくという貴重な体験**

というわけで、ミッキー飯店のみなさんとまかないメシを食べるチャンスをいただいた。ミッキー飯店は、初代の高橋通博さん、その奥様の由美子さん、息子で2代目の進さんの3人。お昼のまかないは午後2時半ごろ食べるというので、料理をつくり、食べるところを取材させてもらった。

レバー丼はレバーを揚げるのでミッキーライスより

も時間がかかるのだそうだ、丼といっても出来上がったレバーをご飯の上にのせて食べるだけの簡単なもの。それだけではなく、昨晩のあまりだという肉じゃがなども一緒にいただいた。生まれて初めて、町中華のまかないタイムにご一緒させていただいたが、とても貴重な体験となった。

　ちなみにこちらのミッキー飯店、創業時、中国語にくわしい人に店名をつけてもらったのだけれど、『盈喜（ミツキ）飯店』の文字が難しすぎて誰も読めないので、カタカナにしたのだとか。

（下関マグロ）

右から初代の高橋通博さん、2代目の進さん、奥様の由美子さん

**隊員オススメメニュー**

ミッキーライス　７５０円
ミッキーメン　７５０円
ミッキーかた焼きそば　７５０円
チャーハン　６００円
ニンニクチャーハン　７３０円
餃子　４５０円
半チャーハン＋ラーメン　７００円
半チャーハン＋中華丼　７３０円

# ビル街に咲く色とりどりの町中華

## 登喜和（西新宿）

住所:東京都新宿区西新宿6-26-9
電話:03-3348-5550
営業時間:11:30〜15:00　17:30〜20:00
定休日:土、日曜日、祝日

**色とりどりの店内にときめく**

町中華の楽しさを作っている大事な要素が「色彩」です。長年の風雪に耐え抜いた白いのれんや、やや色の抜けた赤いテーブルに黄色い玉子の組み合わせはおなじみのコンビ。ときにはすべてが茶色がかった店に遭遇することもあります(それもまた愛しいのですが)。そんな夢の中で見たような淡い色味が幅を利かせているなか、ハッとする色彩に出会えるのが、西新宿のビル街に建つ「登喜和」です。

鮮やかな緑色のテントをくぐれば、オレンジ色の小

店にあふれる色と雪国の思い出

（上）今も現役のメニュー札（下）色鮮やかな店頭サンプル

さな椅子の背がちらり。幾何学模様を組み合わせた遊び心あるデザインの壁を、洋風のランプとノスタルジックな造花が飾っています。この風景を見た瞬間「かわいい！」と叫び出したくなるのですが、それでいてランチタイムにひしめくサラリーマンの姿にも違和感がないのが不思議なところ。まるで、しれっと中華にもぐり込むオムライスみたいな風景だなーと思っています。

昭和22年にオープンしたこの店は、ちょっと珍しい歴史を辿っています。先代はご主人ではなくおかみさんの血筋で、おかみさんのおばさん夫妻が経営していた店なのだそう。「おばさんたちから遊びに来ない？って誘われて、この人を連れてきたの。そのまま店を手伝ってたら面白くなって、田舎に帰りたくなくなっちゃった（笑）」その後、後継者のないおば夫妻の養子となって、お二人がこの店を継いだという流れです。

ラードを使ったまろやかなチャーハン700円、肉野菜炒め550円。昔は麺類が主力だったそうだが、「最近は定食屋になりつつあるね(笑)」とご主人

人気のカツ丼(スープ・おしんこ付き750円)は横から眺めるのがマストだ。器に躍るこの「登喜和」の文字を見てほしい!

ご一家は山形県の出身で、かつては親戚一同で店を切り盛り、みんなでバスを貸し切って社員旅行に繰り出したりもしたのだそう。店で使うお米や味噌も、山形のものです。

「俺が生まれて一週間で戦争が始まって、満州に行ったおやじが帰って来たのは俺が5歳くらいの頃。戦争が終わってるのを知らないで、腰まである雪の中を逃げ回ってたらしいよ」ご主人のそんな話や、故郷・山形の話を聞いていると、白い雪景色を見てきたから鮮やかな色が恋しくなって、こんなお店が生まれたのかなという思いが胸をよぎりました。ご主人はとても色味を大事にされていて、どの料理もカラフルな店内に負けず鮮やかです。

**早い&ウマい料理にあふれるプロ魂**

先代のご主人は、かつて京王バスの社食で働いてい

なんとも色鮮やかな五目ソバ800円。壁のモダンな青いタイルを背景に

たこともあるそう。以前はうどん、アイス、かき氷にところてん、おいなりさんにのり巻き、仕入れた和菓子の販売までしていたとか。現在の店舗は、当時自家製麺を作る製麺所として使っていた建物。今も残るカツ丼やオムライスが、往時の風景を伝えます。「前の店舗は向かいにあって、車がほとんど通らなかったから道路でバドミントンができた。昔は西新宿なんて田舎だったから」とご主人。当時からずっと同じ酒屋さんでビールを仕入れており、その店がコンビニになっても変わらずお世話になっているのだそう。そんな義理堅いおやじさんの料理は早い！にぎわいが絶えないこの店を回すためには、スピードが命なのです。伝票の代わりを果たすのは、プラスチックのカラフルな札。お客さんの注文が入ると、赤、青、黄と並ぶ小さな札を横目に、パパッと仕上げてしまいます。登・喜・和の文字が入った器になみなみ盛られた五目ソバが、あっという間にやってきました。花の形に切られたにん

（上左）ある夏の日のまかないは冷やし中華だった。通常メニューよりもクールなたたずまいに惚れる。タレはキリッと酸っぱい（上右）ほんのりピリ辛のなす辛みそ丼750円には、店主の鴨田利通・千代子ご夫妻の故郷・山形の味噌を使用している

ご主人「忙しいのに儲からない。不思議だねえ（笑）」

じんに、ピンクのかまぼこ、青々としたニラやピーマン。お店の風景を閉じ込めたような鮮やかさに歓声をあげてしまいます。澄んだスープをクッとすすって、ハーッと幸せなため息をひとつ。相席も多いこの店では、きっと隣り合ったお客さんが「僕もアレください」と言い合っているんじゃないでしょうか。

（増山かおり）

**隊員オススメメニュー**

ラーメン　600円
餃子　400円
チャンポン　750円
上海炒め焼きソバ　700円
オムライス　800円
肉ピーマン丼　850円
マーボ豆腐ライス　800円
冷やし中華（5～9月）　750円

# 豚カラがおいしいご夫婦で切り盛りするお店

## ことぶき食堂（荻窪）

住所:東京都杉並区桃井1-13-16
電話:03-3390-0545
営業時間:11:00~21:00
定休日:日曜日(祝日は不定休)

### テレビ番組で知ったお店の存在

『町中華とはなんだ』（立東舎／北尾トロ、竜超と共著）を出してすぐに町中華を取り上げてくれたのがTBSの『有吉ジャポン』だった。番組には僕も呼ばれた。といっても、お店をロケするのはタレントさんたちで、僕はスタジオでそれを見ながら解説をするという役どころ。ロケ先はこの本で取り上げているお店だけでなく新たにいくつか町中華をロケしていた。そのひとつが『ことぶき食堂』だった。かつて荻窪に住んでいて、この店の前も何度か通ったはずだが、まったく目に入っていなかった。つまり、この番組でこのお

(上)豚カラはご主人が衣をつけて揚げている(下)奥様がタレをかけて完成!

店を知ったのだ。

なかなかいい町中華で一度訪問してみたかった。最初の訪問は探検隊の半澤隊員と2人でうかがった。JR荻窪駅から歩くとけっこうある。表の立て看板には1957年創業とあった。いやぁ、歴史のある店だ。僕は広東麺をいただいたのだが、普通においしいという印象しかなかった。

あるとき、散歩関連の原稿で二・二六事件の現場を歩くという記事を書いたことがあった。井伏鱒二の『荻窪風土記』に二・二六事件の記述がある。ちょうど、こちらのお店のすぐ近くにかつて井伏鱒二の家があったので、2度目の訪問をした。いただいたのは普通のラーメンだった。これはビビビと電気が走った。まさに荻窪ラーメン、魚介のダシが効いている、おいしい醤油ラーメンだ。ご主人に井伏鱒二はこの店に来たことがあるかと聞いたら、「それはないけれど、このあたりを歩いているのはよく見かけたよ」とのこと。

ご飯にもビールにもあう豚カラ

その後、CSのテレ朝チャンネルでやっている『ぶらぶら町中華』でこちらのお店へうかがった。この番組は北尾トロとフリーアナウンサーの鈴木貴子さんと僕がいろいろな町中華をめぐるという番組だ。

**鶏ではなく豚のから揚げがおいしい**

番組のロケでうかがうと、ご夫婦2人で切り盛りされているお店で、まだ小さなお孫さんが、中華鍋をふるう真似をしていたりして、なかなか楽しいロケだった。いただいたお料理で印象に残っているのが通称「ブタカラ」。豚の唐揚げだ。唐揚げというと鶏をイメージする人が多いかもしれないが、こちらは豚。生姜やニンニクで味付けをされたオリジナルメニューだ。

大人が注文すると女将さんは必ず「七味をかけて召し上がってみてください」とおっしゃる。このレシピ、もともとは親戚に教えてもらったものだったのだそうだ。ただし、七味などを最初から具材に入れて揚げてい

ラーメン(650円)は昔ながらの荻窪ラーメン、魚介系スープだ

たそうで、それだとお子さんは食べられないので、辛みはあとからお好みでかけてもらうことにしたのだそうだ。これが大正解。子供から大人まで誰でもおいしくいただける料理になった。

## いつまでも続いてほしい町中華だ

1957年創業と前述したが、それはご主人のお母様がこの場所で商売を始められたそうだ。奥様は京都出身で、どこでどうやって知り合ったのかは教えてもらえなかった。一応、ホール担当が奥様で、厨房がご主人だが、奥様もすべてのお料理はつくれるのだそうだ。ご夫婦で切り盛りされる町中華にはこういうスタイルは多い。

久しぶりにうかがうと、ご夫婦の表情が生き生きとしていた。メディアで取り上げられることも多く、お客さんも増えてきたのだそうだ。久しぶりにいただいたブタカラはご飯を少な目でお願いしたが、それでも

ハムエッグは迫力満点

アジフライも絶品!

すごいボリュームだ。でもおいしいから食べられちゃうね。これね、ビールにも合うんだよね。みなさんもぜひ!

（下関マグロ）

**隊員オススメメニュー**

ラーメン　650円
ハムエッグ　500円
ニラ玉子　500円
カレーライス　750円
アジフライ定食　700円
豚肉の唐揚げ定食　900円
豚肉の生姜焼き定食　900円
とんかつ定食　900円
手作り餃子　500円

# バブル時代を経て進化した小麦粉使いの妙を味わう

## 三喜屋（京橋）

住所:東京都中央区京橋2-12-10
電話:03-3561-2216
営業時間:11:00〜15:00　17:00〜22:00
定休日:土曜日、日曜日、祝日

**バブル期の代替わりが変えた味**

高層ビルが乱立する京橋で創業90年を誇る「三喜屋（みきや）」でぜひ味わってほしいのが、小麦粉の甘味やもっちり&つるつるの食感が味わえる自家製麺&皮です。

3代目の友野隆司さんは広告代理店出身。店を継いだのはバブル真っ盛りの平成元年でした。折しもグルメブームの時代。そのまま先代の味を継いでも受け入れられない時代が来ていました。

「行列のできる店が話題になったり、平成になって食文化が全然変わっちゃったから味を変えたよ。築地

ニラそば小チャーハン付750円はサラリーマンの味方!

の乾物屋でだしの取り方を聞いて回ったけど、簡単には口を割ってくれないんだよ。だから毎週通って、たまにはドーンと箱買いして。すると徐々に教えてくれた」

　スープも麺もガラリと変えたというその味を、人気のニラそばでいただいてみます。まず感じるのは、自家製麺のツルツルした食感！　小麦粉の甘味もしっかり感じるまろやかな麺です。スープは強めに塩気が効いているけれど、だしや玉ねぎの甘味がしっかり全体を支えてパンチを効かせている感じ。これは京橋のサラリーマンも午後の仕事のやる気がみなぎるに違いありません。

　自家製の皮を使った餃子は、ほろほろ柔らかな肉と細かく刻まれた野菜のバランスがジャスト。飛び抜けているのが皮のつるつる&もっちりした食感で、小麦粉に引きがあってみずみずしさが保たれています。舌で触れるだけでしなやかさやツヤがわかり「飲む餃子」

少し多めの人数でも安心の1階席

ビジネス街のため土日祝の休みを活かして、ガンガンバンド活動をこなす3代目・友野隆司さん。「毎朝ハードロック聴きながら麺打ってます!」

と言いたくなる食感です。スープ同様に、自家製麺や餃子の皮も、プロの下に足しげく通って完成させたものなのだそう。その食感の秘密をお聞きしました。

「おいしいパンってもっちりしてるでしょ。あれを意識してる。近くにある日清製粉に行っておいしい麺の作り方を教えてくれってお願いして、いろいろサンプルを作ってもらってたどり着いた麺は、中強力粉と中力粉のブレンド。餃子は100%強力粉で作ってる」

チャーハンの油と塩の加減は、食べ始めると止まらないポテトチップスがお手本だとも話してくれた3代目。ユニークな方法論でひとひねり加えながらも、毎日通える味を作るさじ加減が、この街のサラリーマンに愛されるゆえんなのだろうと思います。

**愛の駆け落ち、洋服屋からの転身**

ビートルズのポスターが飾られた階段を上がると、レースカーテンが揺れる客席が。

ロックな兄貴のもっちり餃子。オフィス街という立地もあって、餃子600円（+税）はにんにくを使わずに仕上げている。皮のみずみずしさが見た目からも伝わってくる

「昭和になってすぐうちのじいさん（初代・友野喬司さん）が店を開いたんだけど、当時は1階が中華で2階が洋食屋だったの。カレーにスパゲッティにオムライス、あととんかつとかもやってたみたい」

洋食屋の唯一の名残りのメニューがスパサラで、代替わり後もこれだけはレシピを変えていないのだそう。

「うちのばあさんはお嬢様で、そこに奉公に行ってたのがじいさん。ロミオとジュリエットじゃないけど、大正時代に駆け落ちして伊勢佐木町に友野商店っていう洋服屋を開いたの。でも当時洋服が全然売れなくて、店が潰れちゃった。横浜で知り合った占い師に潰れない名前をつけたいって相談して、『大きくはならないけどつぶれない名前だ』って付けてもらったのが『三喜屋』」

かつては京橋に東映や日活の本社があったそうで、戦前〜戦後はまだ食べ物屋が少なかったこともあり、銀幕のスターたちが三喜屋でお昼ご飯を食べていたと

1階よりも洋食屋寄りの雰囲気を持つ2階客席。その途中にある階段にはビートルズのポスターが

定食の付け合わせに、かつて洋食との兼業だった時代の名残りを残すスパサラが。ほんのり効かせたマスタードが味の決め手だ

いいます。先代が出前を持っていったら、原節子がいたこともあったそう！

現在も近くに「国立映画アーカイブ」があり、そんな時代の空気を往年の名画から感じることができます。京橋を訪れたら「銀幕中華」と洒落てみては。

（増山かおり）

**隊員オススメメニュー**

らーめん　６００円
ニラそば 小チャーハン付　７５０円
餃子ライス　７８０円
とんこつラーメン ミニチャーハン付　９００円
日替りランチ　８００円
マーボ定食　７５０円

# 「味自慢」というメニュー名に店主の心意気を感じる

詳細は閉店のため非公表。老舗の町中華だが、のれんはなかった。1階がカウンター、2階がテーブル席だった

## 康楽（神保町）

**ここでしか食べられないオリジナルメニュー！**

最初に断っておかなくてはいけないが、こちらのお店は２０１９年６月25日に閉店した。

本来なら閉店した店をここで取り上げるのは避けるべきだと思うのだが、こちらのお店はあまりにもユニークなので記録に留める意味でも掲載させていただいた。

こちらのお店、個人経営である町中華だからこそ、自由にメニューやその名前を決めていいのだという代表例だといえるからだ。たとえば、東京の町中華で「チ

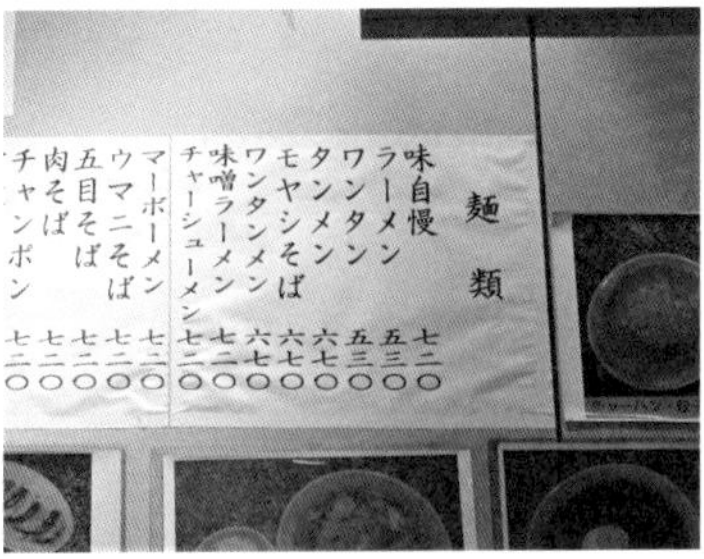


麺類の最初に登場する「味自慢」は説明など一切ない

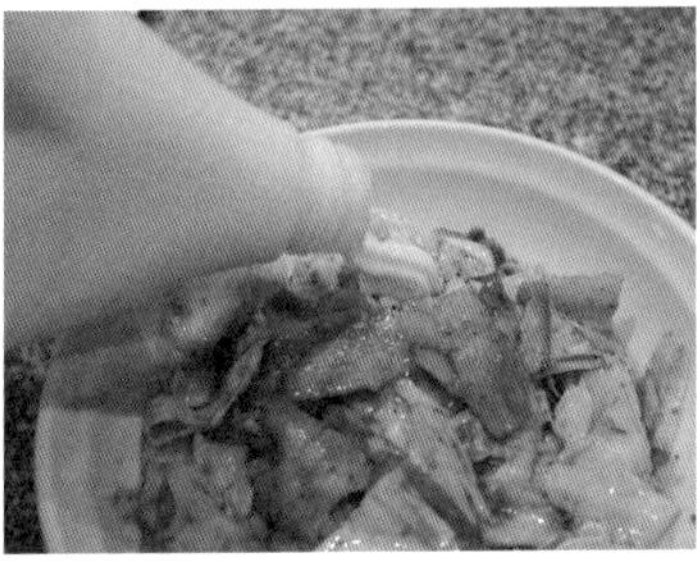

いい意味でジャンクな味わいでクセになる康楽丼

ャンポン」というメニューはその店ごとに違っている。店主が自分で工夫してつくっているケースが多いからだ。だから、チャンポンをその店で初めて注文する場合には勇気が必要だ。もっとも店側も「チャンポン」を推しているところはほとんどなく、メニューの最初のほうではなく、真ん中ぐらいに位置している。

こちら「康楽」さんの麺メニューの最初に位置しているのが「味自慢」。そこには料理についての説明は一切ない。自慢であることはわかるがどんな味なのかはわからないので、僕はなかなか注文できないでいた。「本日のサービスメニュー」というのが日替わりで店頭のホワイトボードに書かれている。そこに味自慢と半チャーハンという日があり、思い切って注文してみた。味自慢は、野菜とひき肉の麻婆風のピリ辛餡掛け麺だった。なるほど旨い。ここでしか味わえない麺料理だ。

味自慢は野菜の麻婆風ピリ辛餡掛け。クセになる味わいだ

## 店名を冠した「康楽丼」

「味自慢」以上に個性的なのが「康楽丼」だ。同じく「康楽定食」というのがあって、そちらは「康楽丼」のご飯の上にのっかっている部分が別添えになっている。「康楽丼」は一見するとホイコーロー丼のように見えるのだが、食べてみるとまったく違う。具材はキャベツと豚バラ肉。味付けは一味、醤油、ニンニクという実にシンプルさだ。最初はそんなに辛さを感じないが、食べ進むうちに額に汗がにじんでくる。提供されるとき、いっしょに業務用の大きなマヨネーズも出される。そのマヨネーズをかけまわすと、少し辛さがマイルドになる。この康楽丼、一度食べると、また食べたくなる不思議な味わいなのだ。店がなくなり、この康楽丼がいただけなくなるのはなんとも残念だ。どこかの店で継承してくれるとうれしいのだけれど。ちなみに先日、家でもできないかとつくってみたのだけれど、あのジャンクな味わいが出てこないのだ。

中華鍋でよく炒められたケチャップライスがおいしいオムライス

## 思い出のなかに生きていく康楽の味

再開発のために閉店するという話を聞いてから、できる限りこちらのお店にうかがい、これまで食べていなかったメニューをいただいた。

洋食という項目にメニューが2つほどある。ひとつは900円とこの店でもかなり値が張るオムライス。もうひとつは逆に570円とお得感のある自家製のカレーライス。中華料理屋だけれど、洋食メニューを出すのが町中華だ。オムライスはキャベツの千切りが別皿でやってきた。とにかくご飯とケチャップがよく炒められている。中華鍋でつくるオムライスはおいしいね。

カレーライスやタンメンはやさしい味で、毎日でも食べられるかんじがした。どれもおいしいのだけれど、ひとつだけ選ぶとすれば、やはり「康楽丼」だなぁ。とくにサービスメニューのなかに「康楽丼」があればぜ

町中華のカレーライスにはラーメンのスープが入っているから旨い

ひ注文したい。というのもこの「康楽丼」は半ラーメンとよく合うのだ。

ちなみにサービスメニューってランチだけというところも多いのだが、こちらは1日中サービスメニューがある。

それにしてもこういったいい店ほど閉店していくね。本当に残念だ。

（下関マグロ）

**隊員わすれじのメニュー**

味自慢　720円
タンメン　670円
カレーライス　590円
オムライス　700円

# サクッと安く飲めるセンベロ立ち飲み中華

住所:東京都品川区小山4-5-6
電話:03-3786-4566
営業時間:15:00~3:00
定休日:水曜日

## 盛苑（武蔵小山）

**立ち飲みスタイルに大変身!**

町中華探検隊を名乗っていると、良い店を紹介してもらうことも多い。この盛苑もまさに、友達に教えてもらった店で最近で一番驚いた町中華の一つ。とにかく、その業態が独特すぎる。入り口に「中華立飲」とある通り、立ち飲みできる中華屋だ。センベロの名店として知られていて、激安なのに満足度が高い。

初めてこの店を訪れた人は、まずその安さに驚くだろう。つまみはなんと150円から。中でも辛味塩漬け豆腐は一度ぜひ注文してほしい。これだけで酒が2～

料理はなんと150円～。明るい時間から飲める。酒好きにはたまらない店だ

3杯は飲める濃厚さだ。チーズのように熟成されたクリーミーな豆腐は、最高の酒の肴。うまいのはつまみだけじゃない。そう、ここは中華屋としての魅力もたっぷりなのだ。小籠包はもっちりとした皮で、ボリューミー。こんな本格中華も激安だから驚かされる。ほかにも新メニュー（5年前からそういっているそう）にはカレーライスの文字が。これはまさかのデミグラス風味のしゃばしゃば系で上品な味わい。野菜たっぷりで甘みを感じる焼き餃子と合わせて食べると、もうお腹いっぱいになった。立ち飲み屋だけど、こんな町中華ライクな楽しみ方もできて心も大満足だ。

この店、もともと本格的な中華店だった。日本に来て27年という店主ローさんは中国にいるときから料理人をされていたプロ中のプロだ。日本に来てからは中華街などでその腕を磨いた。独立して中華店を営業していたが、一大転機が訪れたのは8年ほど前。近所に

「立ち飲みになっても味は落ちてないよ!」

ある有名な立ち飲みチェーンを訪れたローさんは、これからは立ち飲みだ！　とひらめいたという。マネやパクリというと響きは悪いけれど、この「インスパイア」される感じ、商売っ気に満ち満ちているあたりに町中華らしさを感じる。趣味だという日曜大工で立ち飲み用のテーブルをこしらえて、立ち飲み中華という世にも珍しいお店を作り上げた。

**近所にほしい、ずっと飲める店**

スゴいのはこの立ち飲みシステムが見事にヒットしたこと。とにかく安い小皿料理に、充実のドリンク類。以前は１５００円で出していたという酢豚は４５０円メニューに生まれ変わった。量を減らしただけで味が落ちたわけではない。同じ調味料に同じ食材。ローさん手作りの本格中華は、あっという間に多くの人々を魅了した。おいしい中華屋であると同時に、飲み屋としても見事成功を収めたのだ。

この店とにかく料理が豊富。通常メニューは60以上。これに、オススメ料理が加わるので近隣の酒好きが通うのも納得出来る。そしてもっともスゴいのは15時から翌朝3時までの12時間ぶっ通し営業ということ。飲み会に行く前の0次会から、酔っ払って帰ってきた日の締めの一杯まで楽しめる。こんなありがたい店、居酒屋業態でもそうないのでは。酒呑みにはこの店たまらんよ。近所にほしいと、切に思う。

**働き者の店主だからこその成せるワザ！**

ローさんの話を聞くと、さらに驚かされることに。なんと彼は15時の開店から22時まで働き2時間だけスタッフに店を任せる。そして24時から3時までまた働くというのだ。「毎日じゃない、もっと休憩が多いときもあるよ」とローさん。いやいやそういう問題じゃなく働きすぎでしょ。なるほど、店主のこの頑張りがあってこそ中華立ち飲みという独自のスタイルでも見事、

立ち飲み中華というほかにはないスタイル。早い時間から盛宴ファンでにぎわう

繁盛店となったのだ。

働き者の店主は、すべての料理を注文を受けてから作る。もちろん皿に盛り付けるだけというメニューもあるが、点心に本格中華、手間ひまがかかる料理も少なくない。「お客様はここで食べたら、横浜中華街行かなくていいやっていってくれるよ」とローさんは笑顔で話す。確かに、その通りだけどどうかお体には気をつけてください！　また必ず飲みにうかがいます。

（半澤則吉）

**隊員オススメメニュー**

辛味塩漬け豆腐 150円
小籠包　350円
カレーライス　370円
餃子　350円
蒸し鶏　200円
アサヒ生ビール　380円
ホッピー　430円
（いずれも外税）

# 閉店した広尾の名店
# その接客のポリシーに涙

## 国泰（広尾）

詳細は閉店のため非公表

**国泰の冷やし中華は夏季限定**

初めてこの店に来たのは確か、2017年の夏も終わる頃。安くてお得だからと僕は定食を食べた。というのも店先の看板にかなり細かくセットメニューの説明が書いてあって、「コスパがいい素敵な店だな」というのがこの店への第一印象だったのだ。そして、この日のお会計前にドラマが起こる。「お母さん、いつまでだっけ？」と常連風の若い男性がいい、レジ前に立つおかみさんがこう答えたのだ。「そうね、来週で終わりなのよ」。えっ、と僕と一緒に探検に来ていたマグロ隊員は息を飲み、ああこの店は終わってしまうのかとし

夜は常連が「いつもの一杯」に酔いしれる店。店の定番メニューはどれも酒によく合った

みじみ。でもすいません、それはただの勘違いでした。若い男性は「冷やし中華はいつまでだっけ？」と尋ね、おかみさんは冷やし中華の提供が終わる日を告げただけだったのだ。いやあ、閉店じゃなくてよかったよかった、そうマグロ隊員と胸をなで下ろしながら帰ったのをよく覚えている。

## あの日の勘違いが現実に

2018年の夏、この本の取材を依頼するために広尾「国泰」を訪れた僕は、あの日のやりとりを懐かしく感じながらも、ショックで言葉を失った。なんと、この店が本当に閉店するという。聞けば、厨房に立つ川島秀男さん（以下秀男さん）と、店を仕切る幸子さん（以下さっちゃん）夫妻は70代中盤。保健所への届けが切れるきっかけで、店を閉めることになったという。

2人はこの店の2代目に当たる。さっちゃんのお姉さん夫婦が、初代としてこの地に店を開いた。それが昭

和41年のことだ。以来、地元で結婚していた秀男さん、さっちゃん夫婦が働き始め、先代夫婦が14年前に引退するまで4人体制で店を盛りたてた。平成18年、川島夫妻は当時すでに還暦を超えた年齢だったが、2代目としてこの店を継ぐことを決意。63歳で一国一城の主となった。さっちゃんは「1日が48時間あればいいと思った」と、とにかく忙しかった当時を振り返る。改装した効果もあってか、今まで以上に幅広い層がお客としてついて、店は繁盛した。

閉店までのいきさつをうかがってから、僕はこの店の夜の表情も見てみたくなった。おいしいと噂で聞いていた、あじフライとオムライスで一杯やることに。チューハイはどれも濃くて、それでもグイグイ飲んでしまって、常連さんに絡まれて、いや仲良くしてもらって、とってもいい時間を過ごせた。

**やって来るお客を家族だと思って**

後日、この日のさっちゃんへのインタビューをまとめようと机の前に座った。が、まとまらなかった。テープ起こしをしながら涙腺が崩壊した。僕がこじんまりとまとめる必要はない。ここではできるだけさっちゃんが話してくれた、言葉をそのままを記そう。

「私には子どもが2人いるから、若い人が来るとうれしいの。2人とも会社員として外で働いているから、昼時にうちみたいな店に入って食べることもあるでしょ。店の人から、良くされていたらいいなって。だから、若い人が来るときは自分の子どもが入ってきたみたいな心地なのよ。逆にお年寄りが来ると両親を思い出す。自分の親がこういう店に来て、やさしくされたらうれしいだろうなって、そう思って今までやってきました」。

家族を思い描く接客ってちょっと理想的というか、素晴らしいというか、いやいや、そのようなありふれ

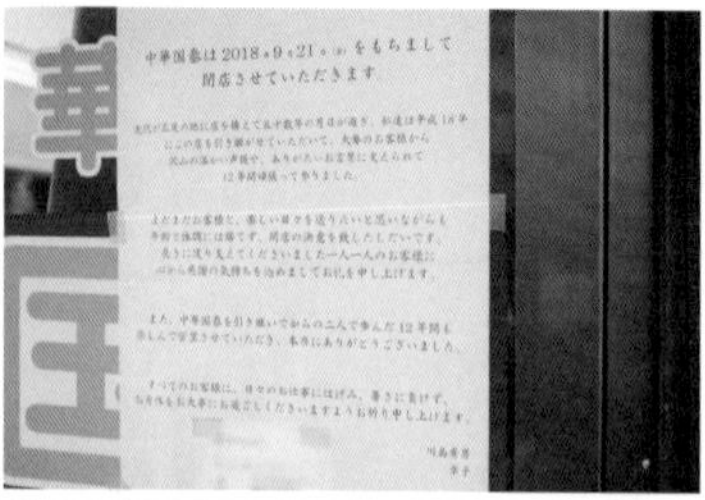

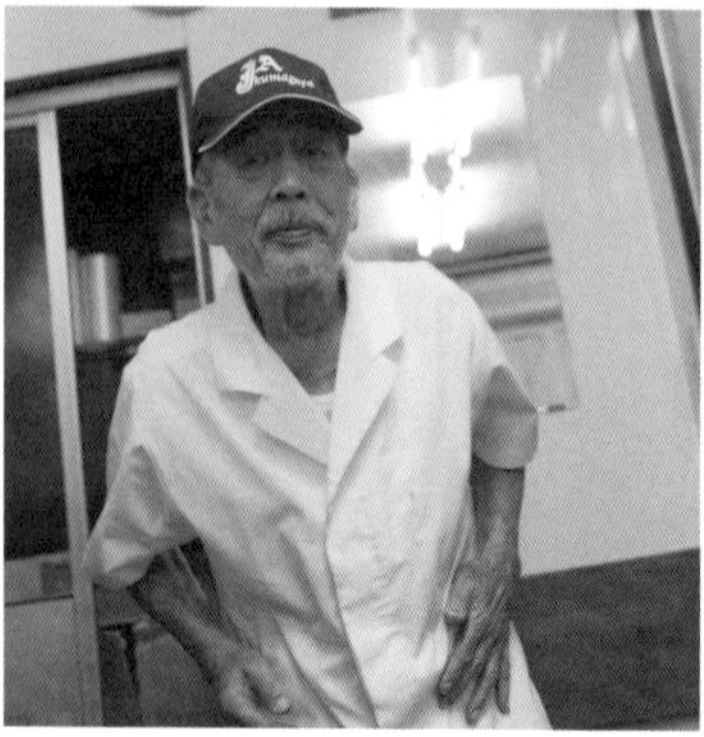

還暦を過ぎてからこの店の2代目となった川島さん夫妻。2018年9月、ついに閉店

た言葉で語ってしまうのも違う。とにかく国泰が、近所の常連や古くからのお客たちに慕われ、愛されてきた理由がよくわかった。

実は、この店の最終日も無理を言ってお邪魔させていただいた。「幸せはいっぱい、いっぱいもらってきた、鳥肌が立つような思いです」。おかみさんは最終日の最後の仕事を前に、そうつぶやいた。僕も鳥肌を立てながらその言葉をメモした。

（半澤則吉）

**隊員わすれじのメニュー**

あじフライ定食　８００円
オムライス　８００円
ラーメン　６００円
Ａセット（半チャーハン　ラーメン）　９７０円
餃子３ケ　３３０円
格安定食　７８０円
冷やし中華ソバ　８００円
かつ丼　８６０円

# 演歌の流れる店内で国宝級のお品書きに見とれる

## 満福（大森海岸）

住所:東京都大田区大森北2-10-1
電話:03-3764-3858
営業時間:11:00〜21:00（20:30 LO）
定休日:火曜日

**何分でも見つめたくなるお品書き**

「満福」の必殺技といえる魅力は書ききれないほどあるのですが、訪れた人の目をまず奪わずにおかないのが、壁に張り出された黒い紙のお品書きです。棒が二文字分ほど長く伸ばされた「ラーメン」、首を傾げたような文字が並ぶ「チャシューワンタン」、フリーダムなデザインの「札幌味噌ラーメン」。流れるように書かれた漢字やひらがなの一方で、カタカナがルンルン楽しげに書かれています。

躍るような筆文字に次々目を奪われつつも、のれんにもその名があるマーボー麺を頼みました。透き通っ

流しの書家のおじいさんがササッと仕上げたという、素晴らしいデザインのお品書き。隅々まで鑑賞したい

た麻婆あんの中に、細かく刻まれたピーマンが点々と散りばめられています。この青い香りがシャープな辛さとあいまって、青唐辛子のような爽やかさを感じさせるのです。麺をすするたびにじわっと汗が吹き出し、開け放たれた戸から届く風と、静かな扇風機の風がほてった体を優しく冷ましていきます。この店にはクーラーがないのですが、それがかえって、忘れかけていた涼しさの形を思い出させてくれるのです。

「ラーメン食べてて蚊にくわれる店なんて珍しいでしょ?」と、この日たまたま店頭にいらした初代の豊田耕二さん。このオリジナリティあふれるマーボー麺の考案者です。

「お客さんに麻婆豆腐を作ってくれよって言われて、じゃあ作るかって。俺、麻婆豆腐なんて食ったこともねえしどうやるんだって、2年半かかったんだよ。ごま油が多少入ってるだけで、あとはお酢とにんにく。飲んだときに体中がグーンと温まる」

のれんにもその名を連ねるマーボー麺850円。上品なのにしっかり辛い。豚のゲンコツと鶏のもみじを使ったスープに、豆板醤は使わず鷹の爪で辛味を加えている

## ガスの普及が転業のきっかけに

初代は福島県出身で、中華料理ということで満州の「満」に福島の「福」をつけたのが店名の由来だそう。

「ガスも電気冷蔵庫もない頃、福島から東京に来て、文京区で10年間炭と氷の奉公人やってたんだよ。でもそのうちにそこらじゅうにガスが通って、石炭もコークスも売れなくなった」

そんな時代の変化もあって、昭和40年、初代は弟さんと共にこの店をオープンします。料理人だった弟さんが店を抜けたあとは、それまで出前を担当していた初代が見よう見まねで調理をすることに。

「はじめはタンメンに塩入れないで作っちゃったりもした。その当時はそれでも通ったんだよ(笑)。ときにはまずくて食えないなんてお客さんに脅かされたこともあるけども」

いつも演歌が流れているという町中華は貴重だ。若き店主夫妻のキビキビした調理や気持ちのよい接客が、ザ•町中華な内観をいっそう輝かせている。現在夫婦2人で店を切り盛りする2代目広和さんは中華料理店のほか洋菓子店でも働いた経験があり、今でもときどきケーキを作っているそう!

## 流しの書家の美しい筆文字が躍る

美しいお品書きの由来が気になって尋ねたところ、中国人らしき流しの書家のおじいさんの筆によるものだそう。

「これ宝物だよ。こんなのどこで書いてもらったんだって、みんな褒めるよ。40年くらい前、筆や道具をコロコロ引っ張って80近いじいさんがちょろちょろ入ってきてね。『親父気に入ったから、ビールの3本と玉子焼きでもくれたらメニュー書いてやるよ!』って言って、ビール飲みながら1時間かそこらで書いちゃった。気が向かないと書いてくれって言っても書かないんだって。日光東照宮の左甚五郎みたいなもんじゃねえか。また会いたいよ、あの人に」

2代目も幼い頃、そのおじいさんに会っているのだとか。「うちに食べに来る書道家の先生も、この字は日本人じゃ書けないって言ってます。レバーの『バ』とか、絵を描くような感覚でカタカナを書いてるんです

餃子500円を頼んだら初代ご主人がタレをかけてくれた。初代が釣ってきたハゼの唐揚げ500円とともに一杯

よね。一番最後に会ったのが小学校くらいで、それっきり来なくなっちゃって」

店内でエンドレスにかかる演歌を聴きながら、仙人みたいだったというそのおじいさんの姿を思い描きました。もしかしたらあなたの近くの町中華にも、このおじいさんの残した文字があるかも知れません。

（増山かおり）

**隊員オススメメニュー**

肉シュウマイ　６５０円
タンメン　８５０円
麻婆丼　９５０円
ハンバーグライス　１３００円
オムライス　９５０円
カレーライス　８５０円
かつ丼　１０５０円

# 都内屈指の中華ランチで狭い！ウマい！を満喫せよ

## チャイニーズフーズ幸楽（上野毛）

住所:東京都世田谷区上野毛1-14-10
電話:03-3701-5198
営業時間:11:30〜14:30　17:00〜21:00
(L.O.20:30)
定休日:水曜日

**最小の店舗に、最大のうまさが宿る**

「うち、あまり小さいんでびっくりしたんじゃないですか（笑）」と3代目店主の木村健一さん。その言葉の通り、一列のカウンター席の椅子のわずか30㎝後ろに壁が迫るというミニマムさ。ですが、目の前の厨房が広々しているためか、思いのほか息苦しさを感じずくつろげます。真ん中の席のお客さんが帰るときは他のお客さんがスペースを空けたりと、譲り合う光景もおなじみです。

そんなこちらのお店でリピートしたいのが、平日のランチタイムのみ提供する日替わりランチ。町中華に

一度席が埋まったら、後ろを通るのは限りなく困難となるタイトな客席。譲り合いの精神でいこう!

ときどき見られる「中華ランチ」スタイルで、お子様ランチのようにさまざまな料理がちょっとずつ並ぶワンプレートメニューです。こちらの中華ランチの魅力は、頻繁におかずが変わること。六本木の四川飯店のホールや門前仲町の「虎(ふう)」の厨房で修行した3代目の健一さんが、2品の相性を考えおかずをセレクトしています。この日のおかずは、ふわっふわの玉子に麻婆風の甘辛挽肉あんが絡むニラ玉と、ソーセージとキャベツの辛子炒め。ほんのりピリ辛で上品な醤油味です。

おかず1品なら750円、2品盛り合わせなら900円と迷うのも楽しいひととき。サラダも添えられており、毎日この一品だけを食べ続けていれば健康体になるだろうなあとしみじみ思わされます。

**町中華の域を超えた美しい器にハッとする**

1000円以下で2品いただけてしまう庶民派メニ

日替わりランチ(2品盛り)900円。洋食屋のように盛られたライスがワクワクを高める

ューの一方で、「牛肉の醤油煮込み」1200円のような本格的な料理も味わえる幅の広さも同店の魅力です。美しい洋皿に盛りつけられたつややかな具材と、八角、陳皮、シナモンなどを使ったほんのりオリエンタルな香りにうっとり。このカウンターでいただくことで、かえってゼイタク感が際立ちます。現在の店舗になる前は、宴会料理も出す大型店だったそうで、このゴージャスなお皿が往時のにぎわいを伝えています。

当時の屋号は「幸楽飯店」。昭和33年に、現在のご主人のおじ・幸雄さんが創業したお店です。お名前の幸の字をとって店名を付けたそう。駅前ということもあり、区議会議員の関係者や商店街の人々の宴会で賑わったといいます。その後、目黒雅叙園で修行した初代の息子さんがしばらく腕を振るっていましたが、現在のご主人が店を担うことになりました。

「昔はコックさんを雇って始まったんですよ。北京系

牛肉の醤油煮込み。気軽な麺・飯類だけでなく、本格的な一品ものが充実している

とか広東系とか、いろんな料理をする人がいて。昔は地元の先生の教え子や、兄弟もみんな来て皿洗いしてくれてずいぶん助かりました」と2代目。現在は2代目夫妻に加え、息子の健一さん、優美さん夫妻、そして2代目店主の弟・博さん、人美さん夫妻という3夫婦で経営しています。2代目が体調を崩していったん幕を下ろしたものの、このスペースで「チャイニーズフーズ幸楽」と名を改めて再スタート。

「前の店のときは調理場とホールが全く見えなかったから、お客さんの顔は厨房からはわからなかったけど、今は厨房がオープンなので顔が見えるようになりました。新しいお客さんも来てくれてますよ」と3代目。顔の見える小さな店舗が新たな武器となっています。

料理やユニークな構造の店内もさることながら、ぜひ注目していただきたいのが出前のカブです。真っ赤な「幸楽」の文字のステッカーをあしらったのは、主

餃子450円。少なめの油でカリッと焼かれ、肉と野菜のバランスが絶妙。ニラがふわっと香りほんのり甘めの優しい味付け

(左上)2代目おかみ利子さんと3代目健一さんは親子で中華組合の技術コンクールを受賞。おかみさんが丁寧に包む餃子の美しさに見惚れる(左下)ご主人「街の歴史とともに育ってきました」

に出前を担当する博さん。なんとエンジンまで自分で積み替えているそうで、パンパンパン……とパンチのある音が響きました。

「このバイクのファンの方がいるんですよ」と3代目妻の優美さん。この「幸楽号」にあこがれて、次世代の町中華を担う子供もきっといるはずです。

（増山かおり）

**隊員オススメメニュー**

タンメン　700円
もやしそば　700円
坦々メン　850円
細切り豚肉とニンニクの芽の炒め（小）　1000円
フカヒレあんかけご飯　1200円
カニあんかけチャーハン　1000円
卵とニンニク入り焼きビーフン唐辛子入り　800円
茹で豚のスタミナソースかけ　800円

# 陳建一氏直伝の麻婆豆腐で中華飲み！

## 信華園（大岡山）

住所:東京都大田区北千束3-32-1
電話:03-3720-1830
営業時間:11:30～14:30　17:30～22:30
（土日祝11:30～14:30　17:30～21:30）
定休日:火曜日

**奥深い旨味に生まれ変わった麻婆豆腐**

　意外と町中華でのヒット率が低いメニューといえば麻婆豆腐ではないでしょうか。中華料理の中では日本に入ってきたのが比較的遅かったのが理由かもしれませんが、そもそもメニューにないことも多く、これはうまい！　と人に勧めたくなる一皿になかなか出会えないのです。

　というわけで町中華の麻婆豆腐にはそんなに期待を寄せていなかったのですが、おいしい麻婆豆腐に出会ってしまったのが、昭和46年創業の「信華園」。喫茶店のような店構えや店内の装飾がほんのりガーリーな

これが陳建一氏直伝の麻婆豆腐だ!

お店です。鍋を振るおやじさんもガーリーなのかな?と思いきや、中から出てきたのは一見コワモテな、2代目店主の富永直樹さん。熱意たっぷりの誕生秘話を聞くうちに、富永さんの優しい情熱に引き込まれていきました。

「麻婆豆腐がこの味になったのは実は最近。2016年に組合の会合で陳健一さんをお呼びしたことがあって、そこで習ったんです」

「組合」というのは、「東京都中華料理生活衛生同業組合」(通称=中華組合)のこと。都内の中華料理店が任意で加盟し、情報共有や料理講習会、食材の調達などにおいて協力しあう組織です。技術向上のために、あんの量や皮のひだの数まで指定したた餃子早包みなどのコンテストも実施しているそう(見たい!)。富永さんは専務理事として町中華オヤジたちを鼓舞し、共に中華料理業界を盛り上げるため日々奔走しているアニキなのです。

具材を炒めずすっきり煮込んだタンメン750円に「たまたまいっぱい仕入れたから」というパクチーをどっさりプラス

その活動の一環で陳建一氏に麻婆豆腐の作り方を教わったのをきっかけに、素朴な日本式の麻婆豆腐から本格的な四川風に衣替えしたのだそう。豆板醤やトーチなどの複雑な旨味、辛さ、香りを味わえば、６００円という値段がいかに破格なのかがわかります。

「四川省で作られてる『ピーシェン豆板醤』を使うと、香りとコクがあって辛味がマイルドになる。これ使わなきゃだめだよって中華の鉄人に教わったの。他の調味料は教わった通りに使ったらこの値段で出せないから、自分でホール山椒を弱火でコトコト煮て山椒ラー油を作って使ってる」そんな試行錯誤を経て、値段はそのままに味を進化させたのです。

**これでもか！の紹興酒天国に溺れる**

この麻婆豆腐とあわせてぜひ楽しみたいのが紹興酒です。３年もの、５年もの……と味比べができる飲み比べセットや、フルーツを漬け込んだりとアレンジを

初代おかみさんの名を冠した「のり子の紹興梅酒」に、2代目奥様の故郷・青森の長芋を使った、長芋の紹興酒醤油漬け400円を添えて

加えた一杯も。紹興酒だけを目当てに行っても満足できる豊富なラインナップです。長く寝かせた紹興酒を一口、黒蜜やプルーンのようなとろんとした甘味に驚きます。「牛乳で割るとカルーアミルクみたいになる。冷凍庫でとろんとさせてアイスクリームにかけたら絶対うまいと思うよ」富永さんのお話を肴に、ついもう一杯試してみたくなります。

**変わらない味を伝える珍しい食材**

同店不動のロングセラーが、五目両面やきそば。さっと茹でた麺を焼きながら中を蒸して、具沢山のあんをかけたメニューです。

その中に、あっさりしたレバーのような見慣れない食材が。「これは豚の腎臓。昔はどこの中華でも使ってた食材なんだけど、『マメ』っていうんだよ」何回も水を変えて血抜きしなければならないそうですが、開店以来使っている食材なのだそう。

（右上）五目両面やきそば750円（右下）それに使われるこれだけの具材。中華は体に悪いどころか健康食だとあらためて実感するラインナップだ（左）ご主人「お客さんの要望に応えてこそ町中華!」

紹興酒の話やそんな手間隙に、料理愛を感じます。「そんなことないよ、親父が49で倒れて店を継いだけど、元々はこの職業に就こうと思ってなかったからね。でもまだ娘2人育てなきゃいけないから、季節ごとになにか考えなきゃと思うし、珍しい食べ物見たら試してみたくもなるし」と話す富永さん。その話し振りに、やっぱり義務だけでない料理愛をひしひしと感じます。

（増山かおり）

**隊員オススメメニュー**

かれー両面やきそば　７５０円
酢辣両面やきそば　８００円
白麺（鶏白湯メン）　８５０円
手作り餃子　４００円
豚肉あんかけチャーハン　７５０円
えびと卵のチリソース煮　７００円
ミニそぼろ丼　４５０円
よだれ鶏　３００円

# クセになるカレーチャーハンをぜひ食べていただきたい

## 美華飯店（西大井）

住所:東京都品川区西大井1-1-1
Jタワー西大井ウエストコートA-103
電話:03-3777-0213
営業時間:12:00〜14:30　18:00〜22:30
定休日:基本は日曜日だが、イベントがあることも

**知り合いが町中華をやっていた**

店主の「いでっち」は昔からの知り合いだった。僕がアンダーグラウンドなクラブパーティに顔を出していたときにＤＪをやっていたのが彼だ。僕は２００６年12月に『東京アンダーグラウンドパーティー』（二見書房）を書いたあとは、夜のイベントには徐々に行かなくなった。年を取って夜出歩くことが難しくなったからだ。

僕と同じく、いでっちも夜のイベントには顔を出さなくなったようだ。理由の一つは店を父親から店を継いで、仕事が忙しかったからだ。ほどなく、当時流行

亡くなった初代は長崎出身の人。2代目にも長崎チャンポンの味が引き継がれている

していたSNSのミクシィでマイミクだった彼は自分の店でイベントをやるようになり、その告知をよくやっていた。その時に初めていでっちの店が美華飯店という名前であることも知った。イベントはたいてい日曜日の昼間に開催されていたので、こりゃ、行こうと思った。

しかし、時は流れ、ミクシィにアクセスするのもまれになり、美華飯店のことはすっかり忘れていたのだが、ある日、町中華探検隊のメンバーから、ツイッターで町中華探検隊のことをつぶやいている人がいるというので見てみた。つぶやいているのは、いでっちだった。

その内容は、町中華探検隊なんて、うちの店には来てくれないだろうな、というようなものだった。いやいや、行くよって思っていたときに、たまたまCSテレ朝チャンネルの『ぶらぶら町中華』のディレクターから「予定していたお店のロケを断られたのだが、ど

（右上）厨房ではお母様（初代の奥様）も鍋を振る（左上）まかないからメニューになったカレーチャーハンは一度食べたらやみつきになる味だ（左下）たっぷりの唐揚げがのった唐揚げラーメンはボリューミー！

こかいいお店を紹介してくれないか」と言われた。僕は即座にいでっちの店を進めた。行って食べたことなどないけれど、町中華って、店主の人柄だと僕は思っている。いでっちの店なら間違いないと僕は思ったのだ。そんなわけで、最初にこちらのお店にうかがったのはロケだった。

## 本格的な長崎チャンポンにびっくり

『ぶらぶら町中華』でうかがって初めて知ったのだが、美華飯店は町中華とはいえ、長崎チャンポン、皿うどんのおいしいお店だった。初代の父親は長崎出身の方で、本場の味をそのまま出していたようだ。いでっちもそのまま味を引き継いでいた。お父様はなくなられたが、お母様は足が悪いながらもお店を手伝っていらっしゃる。また、たまたまお店に来られていた美しい奥様と小さな息子さんもいた。

今も日曜日には音楽イベントなどをやっているとい

オムライスは卵をかぶせるタイプ

ういでっち。クラブならば、入場料にワンドリンクが含まれているが、こちらはなにか中華メニューを注文すればOKなんだそうだ。くわしくは西大井美華飯店というTwitterをフォローするとイベントについての情報もわかるはずだ。

ロケの終わり、僕はいでっちに「今度はプライベートでくるから」と約束した。

その後もうかがったのは、『散歩の達人』(交通新聞社)だったり、メシ通というネットでの取材とプライベートではなく仕事でうかがうことばかりだった。

なかでもまかないメシからメニューになったというカレーチャーハンのつくり方を教えてもらったのはなかなか楽しい取材だった。

チャーハンについて、パラパラがいいということがよく言われるけれど、町中華のチャーハンなんて、べちゃっとしているものが多い。僕はべちゃっとしてこ

（右）人気の焼肉はご飯が進むタイプ!（左）2代目店主の井手智之さん。僕は「いでっち」と呼んでいる

そ、おいしいチャーハンだと思っている。その中にあって、究極のべっちゃり系というのが、いでっちのつくるカレーチャーハンだ。最初食べたときはリゾットかと思うほどのゆるさで驚いたけれど、一度食べたら忘れられない味だった。食べれば食べるほどクセになるね。ぜひ、美華飯店のカレーチャーハンを食べていただきたい。

そして、いでっち、今度はプライベートでいくよ！

（下関マグロ）

**隊員オススメメニュー**

カレーチャーハン　８００円
チャンポン　７８０円
唐揚げラーメン　９６０円
皿うどん　８４０円
焼肉カレーライス　７８０円
焼肉ランチ　６３０円（14時30分まで）

# 1日1万4000個も売れた大行列店の餃子&水餃子

## 四つ角飯店(立川)

住所:東京都立川市曙町1-16-5
電話:042-522-3688
営業時間:11:00~22:30(平日)
11:00~21:30(土・日・祝日)
定休日:年中無休

**赤字度外視の餃子の名店!**

おいしい店、人気の店はたくさんあるけれど行列ができる町中華は多くない。

立川にある四つ角飯店は餃子の店だが、行列ができる店としても有名だ。とくに混雑するのは毎月5、15、25日の餃子が半額の日。300円と値引き前でも安い餃子(6個)がなんと半額の165円に。水餃子は毎週水曜日に同じく半額、165円になる。5がつく日で水曜日だと餃子も水餃子も半額。店の前には餃子ファンが長い列を作る。なんと、1日で売れた餃子の数の最高記録は1万4000個。地元では知らない人は

いないほどの人気ぶりだ。「今は3人で握っている(この店では餃子を包むことを『握る』という)んですが、完全に赤字ですよね(笑)」と店主の高橋淳さん。それでも「広告宣伝費と思えば安いもの。店の前に列ができれば広告になりますからね。何よりお客さんに喜んでもらえますし」。採算よりもお客さん目線というところに、店の度量の大きさを感じる。

それもそのはず四つ角飯店は昭和2年創業の老舗だ。創業者は高橋さんのお祖母さんで、軽食を出す喫茶店としてスタート。当初は「四つ角食堂」という名前だった。その後カツ丼などご飯ものも提供するようになり、2代目、高橋さんのお父さんの代で中華料理店「四つ角飯店」になった。その後、高橋さんのお母さんが3代目を継ぎ今の代で4代目になる。「小学生のときには餃子を作る手伝いはしてましたね」と、高橋さん。幼少の頃からお店に出入りすることは多く早くから「4代目」となることは意識していたという。小さ

焼き餃子も水餃子もどちらも大人気。万人が喜ぶやさしい味付け

いときから店を継ぐつもりだったとは町中華の血、恐るべし！

**新しい味を追求する、進化する町中華！**

そんな高橋さんが40年に渡り（小学生時代から数えると）作り続ける餃子は、安いだけじゃなくとにかくおいしい。キャベツ、ニラ、豚ひき肉、それぞれが素材の味を引き立てている。芯を入れると苦味が出るからと、キャベツは葉の部分だけを使用するなど細部にこだわりが。そのおかげで野菜の甘みを感じられるジューシーな仕上がりだ。大ぶりで食べごたえも十分。高橋さんは「肉々しくなりすぎないように意識しています。子どもから年配の方までみんな食べやすいのが目標ですね」と、餃子への想いを語る。誰でもおいしく食べられる味、これこそこの店の餃子が長く愛される秘訣なのだ。

水餃子のスープにも細かな工夫がある。「毎日食べら

昭和2年創業の老舗は今も確実に進化中!

れるというのが大切。濃い目よりはあっさりしている方がいいんですよ」と高橋さん。さば、あじ、かつおから取る出汁をしょうゆで整え、さらに隠し味に生ナンプラーを足しているそう。4代目が生み出したこのうま味ぎっしりのスープの、後引くおいしさには驚いた。餃子のほかにも八角がほのかに香る上品な角煮など自慢の料理は多い。「料理好きでこだわりすぎちゃって、原価率がおかしい料理もありますよ」、そういって高橋さんは笑うが昔の味を引き継ぎつつ新しい味も追求するとは、まさに進化する町中華!

「料理は手間とひまをかけた分だけちゃんとしたものになると思っています。だから絶対手は抜かないようにしています」と高橋さん。忙しくても、お客さんが行列を作っても、手抜きをしないことが大切なのだそう。どんな仕事でもそうだけど、それが一番難しいな、でも大事だな、とお話しをうかがいながら強く思った。「うちは本格中華でもないし、ラーメン専門でも

「誰が食べてもおいしい! を目指します」特売日でなくとも行列ができる立川の名店。餃子以外の料理にも深いこだわりがあふれる

ない『中途半端』な店なんですよ、Ｔｈｅ町中華ですね」と高橋さん。

そう、この良い意味でのハンパさに町中華好きはグッとくるのだ。料理は絶品だが、店はゆるっとのんびりした雰囲気。立川を訪れる度に足を運びたくなるこの空気感もまた、行列店であり続ける理由の一つかもしれない。

（半澤則吉）

**隊員オススメメニュー**

餃子　３３０円
水餃子　３３０円
角煮定食　１１００円
四つ角ラーメン　１１００円
究極のチャーハン　９８０円
海老チャーハン　７８０円
チャーハン　６８０円
回鍋肉定食　８８０円

# 真っ黒なのにやさしい八王子ラーメン

## ちとせ（八王子）

住所:東京都八王子市南新町8
電話:042-625-0518
営業時間:11:00~20:00
定休日:土曜日

**昭和51年創業の店で八王子ラーメンを**

東京のご当地ラーメンといえば、まずは魚介スープの荻窪ラーメン。次に挙げられるのが、刻み玉ねぎの入った「八王子ラーメン」ではないでしょうか。カップラーメンになったりもしているので、ラーメン好きならば首都圏以外の人も耳にしたことがあるはず。

車がないとアクセスしづらい店が多いのですが、八王子駅から徒歩圏内にある「ちとせ」を知り、探検隊の女性を誘って急行。電車を下りて約15分、駅前のにぎわいもまばらになる頃、住宅街に青×黄色のテントがぽっと現れました。大きな「ラーメン」の文字の下

まるでソースのように真っ黒なラーメンのスープ、実は塩分控えめなのだ

に小さく入った「ちとせ」の屋号が、イイ町中華のオーラを静かに放っています。

サッポロビールのロゴが入ったグラスにセルフで水を注ぎ、迷わず「ラーメンお願いします！」と注文。こんなにワクワクしながらラーメンを頼んだのは初めてかもしれません。

入ってきた自分と入れ替わるようにして、出前の食器を返しに来ていた小学生くらいの女の子が去っていきました。そんな光景が、ますますラーメンへの期待を高めます。

**時の流れが生み出した黒いタレ**

果たしてやってきたラーメン（430円）は、なんとスープが真っ黒！　ウスターソースやどて煮を思わせるような、黒に近いこげ茶色のスープなのです。中央にこんもり盛られた刻み玉ねぎの透き通る白さの可憐さに目を奪われつつ、これは相当しょっぱいんじゃ

（右）ほんのり白濁したスープは臭みがなく、生姜の香りとかすかなクリーミーさが印象的。寝かせて熟成させた醤油はとろっとしたテクスチャーに進化している（左）シャリシャリ玉ねぎで爽やかに

……とビビりながら一口。すると意外にも、塩分は普通のラーメンより控えめです。醤油の酸味の奥にややほろ苦いコクがあって、かつおの香りがふわっと立ちのぼります。

「最初は淡い色のスープだったんですよ」と初代の高橋志づ子さん。すると息子で2代目の章友さんが教えてくれました。

「味噌って発酵が進むと色が濃くなるでしょ。醤油も同じで、味もまろやかになる。25年くらい前に店を改装したときに、何年か前の醤油が残ってたのを試しになめてみたら、すごくまろやかな味だったんです。これはと思って、それからいろいろ試行錯誤して」

そんな偶然が、この黒いスープの誕生秘話。以来、普通の醤油をあえて寝かせ、上澄みと底に沈んだ醤油を入れ替えたりと手作業でオリジナルの黒い醤油を作っているのだそう。最後の一口をすると、底に沈んだシャリシャリ玉ねぎの甘みに黒胡椒が加わってなんと

（右上）タンメン550円。やや早めに上げたパツンとした麺に、やさしいコクのスープが絡む（右下）なつかしのグラスにもグッと来る（左）生姜焼き定食800円。肉の柔らかさにうっとり。こんもり惜しみなく盛られたキャベツも嬉しい

も爽やか。思わずアーッと声が漏れます。

**日本そばからラーメンへ**

「ちとせっていうのは、おふくろが前働いてた日本そば屋の名前。そこから独立したんです。当時は定食屋みたいに日本そば以外にラーメンやらいろいろやってたんだけど、ほかの料理の油がそばに入っちゃうから料理を絞ろうってことで、日本そばをやめたんです。でも今もかつおは一番だしを使ってる。そばのつゆは30分そこそこで作れるけど、ラーメンのスープは5時間も6時間も煮なくちゃなんないから大変ですよ」中学生の頃から店を手伝っているという2代目のそんな話を聞けば、カツ丼が人気というのもうなずけます。そして、柔らかくブリッと仕上げられたしょうが焼きのうまさにも納得。

おかみさんは女主人として店を守る中で、怖い人に

(右下)チャーシューの食感が生きたチャーハン480円。「ちとせ」の文字が入った稚児柄のキュートな皿が愛しい(左)初代おかみさん「お客さんが『ただいま』って帰ってくるんです」。昼は2代目が妻・路子さんと共に店を切り盛りする

絡まれることもあったそうですが「近所の方々が守ってくれたの」と話してくれました。そんな方々が鉢合わせケンカしたときもあったそうですが、ときには他の困ったお客さんを追い払ってくれたのだそう。このラーメンの黒いスープに、きっとそんな思い出がいっぱい溶け込んでいるんだろうなあと思うのでした。

(増山かおり)

**隊員オススメメニュー**

チャーシューメン　650円
カレーラーメン　480円
小カレー　350円
自家製ギョウザ　350円
カツ丼　600円
開花丼　600円
カツカレー　850円
小チャーハン　300円
肉ニラ炒め　480円

# やさしいのにインパクト大 目を閉じて食べたい癒し系餃子

## 元祖ハルピン（三鷹）

住所:東京都三鷹市下連雀3-31-9
電話:0422-47-2807
営業時間:11:30〜14:00　17:00〜22:00
定休日:月、火曜日
※写真は2019年春のもの

**餃子は「焼き」も「水」も絶品**

三鷹市で37年もの間愛されてきた「元祖ハルピン」。中国はハルピン出身の店主、小田深雪さんが作る手づくりの餃子を目当てに、昼、夜ともにたくさんの客が訪れる。焼き餃子は香ばしく、さっくり食感がクセになる。ふわふわ、もちもちの水餃子はスルスルと何個だって食べたくなる。何より素敵なのは、エビ、イカ、ニラ、チーズなど全7種もの餃子から客が「焼き」と「水」を選べるということ。エビやイカも満足度が高いけれど、ぜひ食べてほしいのが、セロリ、ピーマン、シイタケといった野菜餃子だ。野菜の風味が豚ひき肉

のうま味を引き立てながら、それぞれの素材が餃子の中でしっかり主張する、そのインパクトはかなりのもの。いずれもやさしい癒し系の味で老若男女、誰の口にも合う。

また、「スパイス使い」の見事さもこの店の特徴的だ。店主は香辛料や漢方にも精通、料理の要所要所に中国から仕入れている本場の香辛料を使用している。餃子を食べると八角のやわらかな香りが鼻を抜ける。ハルピンの餃子に本格的な雰囲気が漂わせているのが、スパイスなのだ。それでも、あくまで「客の口に合うように」というのが前提。香辛料を使いすぎるということはない。独自の食材、そして程よいスパイス。ハルピンの餃子は、目を閉じてゆっくりとその風味を堪能したくなる絶品だ。

一晩寝かした皮を伸ばし、スープを練り込んだ餡を包んでいく。１皿に盛り付けられる６個の餃子ができ

名物の餃子以外も魅力的なのがこの店がスゴいところ。すべてに店主の愛情がぎっしり詰まっている!!

あがるまで、手間ひまがかかっていることを思うと、一口一口の感動がより大きくなる。

２０１９年には大規模なリフォームを敢行して、２０１９年12月にリニューアルオープン。数カ月この店の餃子をガマンしていた常連たちが連日押し寄せにぎわいを見せている。

**時代がハルピンに追いついた!**

餃子の有名店だから多くの人がまず餃子を注文するけれど、実はほかのメニューもかなり美味。餃子と並んで高い人気なのが小龍包だ。こちらも皮から手づくり。注文を受けてからゆっくり蒸しあげる熱々の一品は、夜に紹興酒と一緒につまむにもぴったり。レンゲに肉汁がドバッと広がる本格派なので、こちらもぜひ頼んでおきたい。

またランチ、ディナーの両方で提供しているラーメン類も、とってもハイレベルだ。ホッとするしょうゆ

ラーメン、小龍包、名物はほかにも!

味で特製のチャーシューもよく合うが、店主自慢の豚の角煮がたっぷり入ったハルピンラーメンもオススメだ。角煮にもほんのり八角が香り、食べていくうちにスープの風味が少しずつ変化。とっても奥深い味なのに、化学調味料の類は一切使っていないという。ラーメンにも店主のこだわりが息づいているのだ。

小田さんとお話していて感じるのは、お客の体をいたわる気持ちが大きいということ。「人間生きていたら食べないといけないでしょ。だからいつも体に良いものを入れておかないと」と、小田さん。近年は健康志向の人も増えたというが、健康ブームが訪れるずっと前からこの店は「健康」を意識してきた。また、最近はスパイスもブームになっていて、多くの人が本場の香辛料に抵抗を感じなくなったという。時代が「元祖ハルピン」にやっと追いついたというわけ。今回の取材で、この店を開いたのはご長男を出産されたその

小田さん「お客さんには体にいいものを食べてほしい」。皮からすべて手作り。ここでしか食べられない味も!

年だったと聞いて、女性のパワーのスゴさにも驚いた。今でも小田さんのバイタリティは何ら変わってない。何度も店を訪れているが、いつ訪れてもこの店は彼女の元気に満ち満ちている。料理から質の高い栄養を補給できるのはもちろん、元気も与えてくれるこの店は、実は僕の1歳年上と親近感がある。家も近いから、これからも一緒に年を重ねていけたら幸せだ。

（半澤則吉）

**隊員オススメメニュー**

エビ餃子　580円
イカ餃子　580円
セロリ餃子　580円
シイタケ餃子　530円
ピーマン餃子　530円
小籠包　720円
ハルピンラーメン　700円
チャーシューメン　730円
サービスランチ　800円～

# 「丁寧」な仕事の証拠 美麗すぎるサンプル！

住所:東京都小平市花小金井1-12-15
電話:042-461-2471
営業時間:11:30〜15:00 17:00〜21:00
定休日:水曜日

## 栄信軒（花小金井）

**美しすぎるサンプル同様、実物もキレイ**

僕がこの店を最初に見たとき、まず感動したのは玄関横にズラリと並ぶサンプルだった。どれも磨きたてのようにピカピカ！とくに五目そばが美しく思えた。

実際に注文したら、サンプルに本当にそっくりな五目そばが出てきてびっくり。エビ、タケノコ、シイタケ、チャーシュー、そして伊達巻と見目麗しい五目そばに目を奪われ、あらためてサンプルの美しさに思いを馳せた。サンプルがキレイということは細かいところまで気を配っている証拠では。こういう店は絶対に料理のレベルも高い。思った通り五目そばは「ああ、これ

これ」と口から漏れてしまうほどの、やさしく懐かしい味。町中華に求めるものがぎゅっと詰まった一杯だった。その味を褒めると「自分は親父の『早さ』には敵わない。ただ丁寧さだけはマネするようにしています」と、店主の瀧澤強さんは謙遜する。

**昔はかき氷まで作っていた**

この地に店を開いたのは強さんの父、信夫さんだ。新潟からカバン一つで上京したという信夫さんは当時、東京一の歓楽街だった新橋で修行し若くして独立、花小金井に栄信軒を開いた。そのとき、信夫さんはこの店が何十年も続いて多くの常連が通う店になることを想像していただろうか。

「昔は本当に牧歌的な駅舎があったんですよ」と、強さんに教えてもらい昭和の頃の西武新宿線、花小金井駅の画像をインターネットで調べてみる。なるほど、今の2階建てでスッキリした駅舎とは違い、1階しかな

サンプルの美しさも、実物の美しさも感動もの

いこじんまりとした、いかにも「東京郊外」といった雰囲気の駅舎がこの街のシンボルだったようだ。栄信軒のオープンは１９６０年（昭和35年）。だから、60年もの長きに渡って街を見守ってきたことになる。

「昔はかき氷まで出していたんですよ。ファミリーレストランの役割だったんですね」。

なるほど「ファミレス」か、だから街が表情を大きく変えても、店は変わらず地元に愛されてきたのだ。

**受け継いだのは味だけではない**

この店を強さんが継ぐことになったのは、実は「たまたま」だったそう。「当時働いていた若い衆が急に辞めることになりまして、自分がやらないといけなくなったんです」。本当は違う仕事をしたかった、といいながらも強さんは父の店、そしてその味を受け継ぐ。

「もちろんね、親父の方がおいしかったみたいなこともいわれました。でも、それから親父の味に追いつけ

たと思えるようになって、これがやっと自分の仕事になったなあと感じましたね」。

けれど強さんが継いだのは、おいしい一杯を作る技術だけではない。ファミリー客から居酒屋のように利用する常連まで、そのすべてを包み込む店のやわらかな雰囲気もまた、先代から引き継がれたもの。「親父は無口な人だったから母親の接客に助けられたと思います。お客さんに気を利かせられる人でしたね」。強さんは奥さんの未央子さんとともにお母さんが培ってきた、店のやさしさも雰囲気も受け継いだのだ。

丼の中に、そして店のそこかしこに先代から守られている「丁寧」が見て取れて、こういう店だから60年も街に親しまれてきたのだと痛感した。

最後に、料理家として36年目を迎える強さんに今後の展望を聞くと興味深い話が聞けた。「オリジナルメニューをもう少し増やしていけたらいいね」。店の名物、ルイボスティーエキスを練りこんだ麺の、スーパール

花小金井の地で半世紀以上続く老舗中華。2代目の瀧澤強さん、未央子さん夫婦が常連さんをやさしく包み込んでくれる! 強さん「『丁寧さ』をいつも意識しています」

イボス麺はここでしか食べられない一品。このような新作を増やしていきたいと彼は意気込む。「今までの味も大事だけど、同じことだけやっていればいいと思ってるわけじゃないんです」。老舗ながら、新しい味を追い求める栄信軒。花小金井の名店の冒険はこれからも続いていく。

（半澤則吉）

**隊員オススメメニュー**

五目ソバ　７８０円
ラーメン　５００円
ギョウザ　４２０円
スーパールイボス麺　８４０円
イタメ焼ソバ　６９０円
エビソバ　７８０円
青椒肉絲　１０００円
広東湯麺　７２０円
ワンタン麺　６８０円

# 辛さを包み込むまろやかさが魅力
# 鬼がらしらぁめんのとりこに

## 山ちゃんらーめん（行徳）

住所:千葉県市川市湊新田2-9-11
電話:047-397-8406
営業時間:11:30～14:00 17:00～21:30
11:30～14:00 17:00～21:00（日祝）
定休日:水曜日

**鬼の形相なのにどこかやさしいラーメン**

「辛いものが好きだ！」まず、そう宣言してしまおう。我が家の家庭菜園ではハバネロとブートジョロキアを栽培し、冷蔵庫には嫁実家産のゆずと拙宅のハバネロで造ったゆずこしょう、ハラペーニョのナンプラー漬けなど手製の辛味調味料が眠っている。また、タイ料理の絶妙な唐辛子使いに魅せられ、近年は1年のうち1～2カ月をタイで過ごし、激辛の深淵を汗だくになってのぞき込む……そんな辛党の私が一目惚れし、いまゾッコンになっている一杯こそが山ちゃんらーめん名物の「鬼がらしらぁめん（大鬼）」である。

鬼がらしらぁめん（大鬼）・チャーシュー入りは1200円。辛さは小鬼・中鬼・大鬼の3段階あり、1段階で50円ずつアップする。チャーシュー入りは、プラス300円

よほど辛いものが好きな人でないと、笑顔では向き合うことのできない赤鬼のようなビジュアル。まるで濃厚なトマトソースと見まがうような唐辛子の海だ。初めてそのスープを蓮華ですくう人は、荒ぶる屈強なコワモテ男に喧嘩を売るような心境に陥ることだろう。『ボコボコにされるかもしれないな……』

そんな恐怖心をはらいのけ、もてる勇気のすべてを振り絞ってスープをすする。

すると、どうだろう。確かに相当な辛さだが、それをふわりと包み込む滋味深さに気づく。まろやかな味噌ベースのスープに、とろりと絡む溶き玉子。この鬼は厳しさだけでなく、やさしさも兼ね備えている。私は辛さよりも、むしろそのまろやかさにノックアウトされてしまったのかもしれない。コワモテだけど、実は心のやさしいヤツ……それが、鬼がらしらぁめんなのだ。

特撰醤油らぁめんは、背脂の甘みとガツンとくるにんにく風味が魅力の一杯。塩、味噌ヴァージョンもある

## 長谷川さんなのに「山ちゃん」である理由

屋号にある「山ちゃん」は、2代目店主・長谷川さんの奥様の旧姓である「山口」が由来で、名付けたのは先代店主である奥様のお父様だ。先代は東京・練馬で「特一番」という屋号の中華屋を開業して大成功し、その後は中華屋だけでなく、多角経営でビジネスを広げられていたとか。しばらくして、経営を中華屋一本に絞ることとなり、江戸川放水路にかかる行徳橋のたもとに新たな店を構えた。その店を再び繁盛させ、現在の場所に移転したそうだ。

現在は、長谷川さんご夫妻のほか、出前スタッフを含めて3人の従業員とともに切り盛りしている。「店では、どうやったって席数分しか売れないけど、出前は注文さえあれば、いくらでも売れちゃうから。売り上げの比率は、出前のほうが大きいね」と長谷川さん。

最も出前が忙しかったのは、以前にこの町で発生し

店のスープで煮込んだカレーも美味しい

たある有名事件後のことで、捜査本部に常時詰めている大勢の警察官とマスコミ陣からの注文が絶えず、とてつもない数の出前を警察署に毎日届けていたそうだ。

そんな出前繁盛店ならではの苦悩もあるとか。

「本来であれば、餃子は注文を受けてから、1個1個包みたいんだけど、それだと出前が多いと間に合わない。仕方なく1回700個包んで冷凍するんだ。冷凍でも長く保存するわけじゃないから十分美味しいんだけど、やっぱり包みたてのほうが美味しいからね……」

「鬼がらしらぁめん」というネーミングは、奥様によるもの。生まれながら「ラーメン屋の娘」である奥様は、物心ついた頃からずっと、無類のラーメン好きなのだそう。そんな奥様が、「看板になるラーメンをつくろう！」と思い、夫婦で開発したのが鬼がらしらぁめんなのだ。私の独断と偏見によって、本稿は鬼がらしらぁめんで広く紙面を埋めてしまったが、「特撰醤油らぁめん」もオススメだ。丸ごと1本売りもしているチ

(左上)2代目店主の長谷川さん。その昔、店の周囲には蓮畑が広がり、蛙の鳴き声が響くようなところだったそうだ(左下)アルコール類の種類も豊富。酒肴も充実している(右)あんかけメニューも豊富である

ャーシューがとろけて、腰のある細麺にからむ。スープに浮かぶ背脂のモロモロが甘く口に溶ける。鬼がらしと並ぶ人気メニューだ。もちろん、餃子や炒飯も安定の旨さだが、あんかけ系メニューも豊富で美味しい。あんかけ系はそのままでも旨いが、ラー油と酢を加えると殊に美味しいと思う。

(西益屋ハイジ)

**隊員オススメメニュー**

鬼がらしらぁめん(大鬼) 900円
特撰醤油らぁめん 700円
もやしそば 700円
カツカレー 1100円
炒飯 700円
餃子 450円

# 明るくていろいろ暖かい温室のような町中華

## 喜楽（南行徳）

住所:千葉県市川市香取2-18-9
電話:047-358-5442
営業時間:11:00~14:00 17:30~21:00(土日祝17:30~21:00)
定休日:木曜日

**「ぬくもり」の3重奏が最大の魅力**

数年前のある日、副隊長のマグロさんと隊員の増山さんのおふたりを行徳で案内することになった。氷雨の降りしきる寒空の日で、行徳駅前で待ち合わせるうちに体の芯まで冷えてしまったものだ。顔を合わせるなり、「電車の車窓から、線路わきにある黄色い町中華が見えたんだよ。あそこは、いい店のような気がする」とマグロさん。さすが百戦錬磨の副隊長である。大粒の雨が斜めに叩きつける曇った車窓から、一瞬にして「喜楽」のよさを見抜いてしまうのだから……。

何を隠そう、この「喜楽」こそ、「山ちゃんラーメ

先代の奥方である大女将さんお手製の小鉢の数々。「今日の小鉢は何かな?」といつも楽しみにしてしまう

ン」とともに私が足繁く通う地元の二重丸町中華なのである。

3つの傘を並べて、線路沿いの道を歩くこと7〜8分。私たちは屋号が黒字で染め抜かれた黄色いテントの前に立った。

しとどに濡れた傘を閉じてバサッと振るい、通い慣れた店の扉をくぐると、まるで温室の中のような熱気に包まれる。寒い季節には店内でストーブがガンガン炊かれているため、この店は冬でもとにかくぬくい。凍え切った体がたちまち店のぬくもりに緩んでいく。(現在はエアコンに変わり、ストーブは使用していない)

入店するや否や「いらっしゃいませー!」と、いつも元気よく迎えてくれるのは現店主の奥方である女将さんだ。

角地に立地しているこの店は、町中華探検隊用語でいうところの「角中華」で、店の2面はガラス戸に囲まれている。そのため好天の日の昼時は晴れ晴れと明

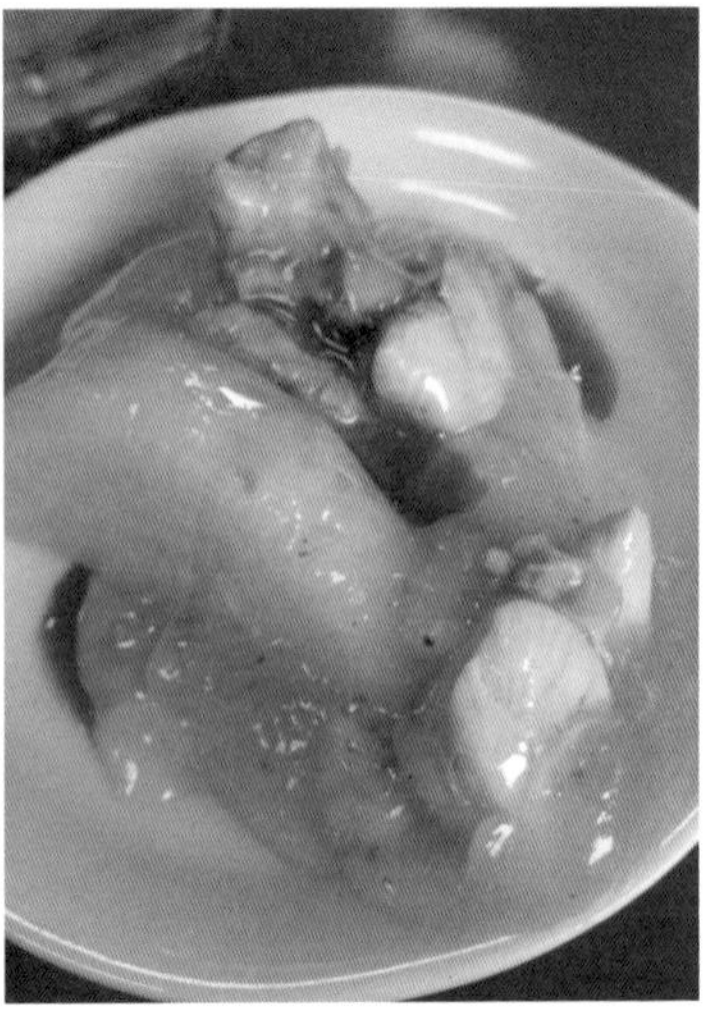

るい。
この日はあいにくの天気だったが、小春日和の日であれば、「ストーブの熱気」と「女将さんの温かいお迎え」、さらに「角中華ならではの溢れる陽光」の相乗効果によって、ぬくもりの3重奏を味わうことができる。つまり、昼酒のビールを楽しむには最高の環境なのである。

**大女将さんのお手製のサービス小鉢がうれしい**

「ようこそ、お越しくださいました」

しとやかな声とともにビールと小鉢を供してくれるのは、決まって先代の奥方である大女将さんである。小鉢は酒のお通しではなく、誰にでもつけてくれるサービス品だ。

かぼちゃの煮つけ、おでん、ひじき煮、だいこんと葉の塩もみ、大学いも、大根の中華風煮込み、ラーメンサラダ、ロールキャベツなどなど……その日によって

（左上）ケチャップの帯が美しいオムライス。卵焼きに包まれたチキンライスもたっぷり!（左下）スターターにぴったりの揚げなすの酢醤油あえ。ビールや紹興酒に合うおつまみも豊富だ（右下）喜楽ラーメンは普段でも600円と激安なのに、なんと月曜日には500円のワインコインラーメンとなる

内容の変わる小鉢は、大女将さんのお手製である。これがうれしい。

まずは小鉢の料理を肴に冷たいビールを飲み、2代目の現店主が振るう中華鍋の小気味よい音を聞きながら、ずらりと並ぶメニューの数々をゆったりと眺める。

この日、マグロさんは中華丼、増山さんはオムライス、私は喜楽ラーメンを食べた。

「オムライスの帯（ケチャップのかけ方）が美しい」

増山さんが町中華のプロらしい形容をするのを耳にしながら、麺をすする。汁を覆う大量のワカメと小松菜がありがたい。『食物繊維とカリウムがたっぷりで、血管にやさしいラーメンだな……』と、普段は健康実用書の執筆仕事が多い私は、思わずそう考えてしまう。

「お客さんはみんな、わざわざウチに足を運んでくれる方ばかりなので、とにかく美味しいものをお腹いっぱい食べて欲しいんです」そう語る店主が腕を振るう美味しい中華メニューは、どれもボリューム満点だ。

### 隊員オススメメニュー

喜楽ラーメン　６００円
タンタンメン　８００円
チャーハン　６００円
オムライス　８００円
若鶏味噌炒め定食　８００円
餃子　４００円
焼豚（ハーフ）　６００円
揚げなすの酢醤油あえ　４００円

（上）町中華探検隊が町中華の「三種の神器」とするカレーライス、オムライス、かつ丼もそろう豊富なメニュー（下）甘みが引き立つ餃子は必食すべき逸品だ

### 気の利いた酒肴もそろう飲み中華でもある

本書で執筆している町中華のプロでいらっしゃるお三方とは異なり、町中華探検隊の幽霊隊員に過ぎない私は、およそ2週間に一度程度しか町中華に足を運ぶことがない。

しかし、そんな私にとっても、町中華はそば屋に並ぶ「昼飲み場」として大切な存在だ。ここ「喜楽」でも、もっぱら昼飲みを楽しんでいる。アテとしては、餃子はもちろん、どデカい肉塊をスライスして供される焼豚も絶品だし、揚げなすの酢醤油あえ、ネギとチャーシューのピリ辛あえなど、気の利いた酒肴もそろう。ついつい、私が紹興酒のボトルキープをしてしまう所以である。

（西益屋ハイジ）

住所:神奈川県横浜市鶴見区鶴見中央4-23-4
電話:045-511-0106
営業時間:11:00~20:00
定休日:月曜日

# 昼下がりから飲める日に！ヘルシーギョウザとレモンハイ

## ニュー・イロハ（鶴見）

### 昼から飲める日に行きたい店

たとえば1日、いきなり休みの日が生まれたとして何をして楽しむのがベストだろう。昼から飲む、スーパー銭湯、1日何もしない……いろんな候補があがるけれど、とりあえず鶴見に行ってみてはどうだろう。「昼から飲む」に最適な店がそこにはある。

普段乗らない京急に揺られて鶴見駅に着く。ちょっと遠出の非日常感はあるけれど、都心からはすぐだ。駅から徒歩わずか1分。風に揺れる赤ののれんが見えてくる。角地にあるから緑色の巨大な看板を挟み、左右にのれんがかかっている。どちらも入り口だ。昼からの

普段はビール派だけどここではサッパリとしてチャーハンにもギョウザにもマッチするレモンハイを注文したくなる。今日は昼から飲んでいい日

一杯を楽しもうと気持ちを昂ぶらせ店に入ると、すでに酒の入った杯を傾ける先客がいる。この店では平日の昼間でも誰かしら飲んでいる、誰かしらが語らっている。これぞ「ニュー・イロハ」という光景だ。

## まずは餃子、そしてレモンハイ

「常連さんも多いけど土日は遠くから来るお客さんもいるね。鶴見、川崎って職人さんが多いじゃない。そういう人たちが自転車でわざわざ来てくれるんだ」。

そう話す店主大泉さんの手による料理は、どれも酒によく合う。とくに、こんがりと香ばしく焼かれた餃子は絶対食べておくべき。野菜がたっぷりでヘルシーなのがウリだ。あっさりしているのでパクパク食べられる。普段ならビールを飲むのだが昼にここで飲むならレモンハイから。これがギョウザによく合う。

そして、「おいしい」とはまた別のベクトルの幸福感が僕を包んでくれる。ほかにもつまみはたくさんだ。

チャーシュー、ハムエッグあたりを攻めるもよし。レモンハイ以外の酒を頼むのもよし。好きな麺かチャーハンで締めれば、最高の昼のみが完成する。
僕のオススメは爽やかな辛さで見た目ほど重たくない担々麺か、店の名物のチャーハン。ナルト、にんじん、ほうれん草、そしてチャーハン用に煮込むというチャーシューとたくさんの具材が織りなすハーモニーは、ここでしか食べられない味。酒に合うのでつまみにもなる。

**店名に「ニュー」が付いている理由**

この店「ニュー」がつく前には「イロハ」という小料理屋で、大泉さんのお母さんが経営していた。大泉さんはサラリーマンを経験後、自分の店をやってみたいと中華の道に進み、修行したのちに27歳で独立。母の店に「ニュー」という冠をつけ、中華屋をオープンさせた。

スパイシーなチャーハンはお酒にも合う。具材から出汁が出て、一口一口がうまい!

「この辺は店が少なかったんだよ、今は120軒くらい店があるけど昔は40軒くらいしかなかった。だからとにかく混雑していたよね」。と大泉さんは若き日を振り返る。とはいえ、昔から変わってないものもある。

**一生懸命、基本、早寝早起き**

「朝早く起きて、間違いのないように出汁を一生懸命とる。餃子もチャーハンも間違えないように、そう思って作っています」。とにかくも基本が大事という大泉さんの言葉が胸に響いた。「だから早寝早起き。5時前には起きて、5時にはスープの出汁をとるんだ」と大泉さんは続ける。

店の味を決めるスープの出汁は、ちょっとの加減で味が変わる「生き物」だと彼はいう。その生き物との格闘を毎日続けているのだと思うと、中華屋という職業がいかに大変なのかを改めて思い知らされる。「ちょっと省略しただけで味が変わる、コクがなくなっちゃ

「朝5時からスープを仕込んでます!」

うんだよ」。だから一生懸命、基本を守り早寝早起きして大泉さんは今日も寸胴に向かうのだ。

赤い電車で都心を目指す帰り道、レモンハイが利いたのか目を瞑ってしまう。一生懸命、基本、早寝早起き、大泉さんの言葉が頭をぐるぐると巡る。明日は早く起きなきゃとぼんやり考えていたら、品川駅の到着を知らせる車内放送に起こされるまで、短くも幸福な午睡にとっぷりと落ちてしまった。

（半澤則吉）

**隊員オススメメニュー**

レモンハイ　400円
餃子　300円
チャーシュー5枚　550円
ハムエッグ　530円
担々麺　680円
チャーハン　580円
つけ麺　680円
サンマー麺　630円

# 中華街のど真ん中で味わう長崎ちゃんぽん

## 長崎屋（元町・中華街）

住所:神奈川県横浜市中区山下町165
電話:045-681-7556
営業時間:11:00～22:00（LO21:30）
定休日:月曜日

**中華街のど真ん中にひっそり**

真っ赤な通りがギラギラ光り、一年中お祭りのようなムードの横浜中華街。さすがにこの街に町中華はないよね？　と思いきや、街の片隅どころかど真ん中に建っているのが、この「長崎屋」です。

「華正樓（かせいろう）」などの高級老舗中華やにぎやかな食べ歩き店が並ぶ中華街大通りを1本中に入ると、そこだけ時が止まったような、ツタの絡まる店が現れます。黄色い小さなテントの、まごうことなき町中華。ガラス戸を引いて中に入ると、家庭のリビングのようなこぢんまりとした部屋に、北欧風ともいえる

この街の担い手が日々集う

花模様ののれんや座布団が丁寧にあしらわれています。哀愁ただよう外観からは想像もできない、ガーリーな空間です。

メニューにはなんとナポリタンや焼魚定食も。当たり！　と心の中でガッツポーズです。

**九州からやってきたご家族が創業**

こちらのお店の看板メニューは、ちゃんぽんや皿うどん。ちなみに町中華の場合、たとえ「ちゃんぽん」と名がついたメニューでも、長崎ちゃんぽんとは限りません。白濁していないスープの具沢山の麺類を「ちゃんぽん」と呼んでいる店もあるのです。

あえて内容を聞かずに、どっちかな？　とドキドキするのも楽しみのひとつですが、こちらは正統派の長崎ちゃんぽんでした。辛みチャンポンや焼きチャンポン、夏限定の冷やしチャンポンも捨てがたいですが、まずはノーマルタイプの長崎ちゃんぽんをひとつ。長崎

(右)長崎ちゃんぽん700円よりも一段グッと濃厚な味が楽しめる長崎皿うどん750円
(左)爽やかなしそギョーザ500円。ロック、水割りなどお好みでいける焼酎400円、ハイボール450円などドリンクもリーズナブル!

から取り寄せているという極太の丸めんが、優しく乳化したクラムチャウダーのようなスープを優しくまとっています。

針のように細い皿うどんは、時間が経ってあんが馴染んでもしっかりコシが残るのが魅力。追加でオーダーしたしそ餃子は、周囲の店のレベルもあってか、厚くもっちりした皮のうまさに唸らされます。ここでいきたいのがキンミヤ焼酎。ロックでも水割りでも、ウーロンハイやレモンサワーにしても400円という価格設定には思わずニンマリ。中華街を楽しんだ夜、ここで締めくくるのが乙だと断言します。

## 寿司屋もあった中華街で50年

今でこそ中華街はびっしり並ぶ中華料理店、所々に雑貨、中華食材、占いなどの店という街になっていますが、そうした街に変わったのは、昭和47年の日中国交正常化以降のことだと2代目・財部勲（たからべい

味噌汁に冷奴、おしんこも付く焼魚定食750円。鯖のほか鮭、ほっけも選べる。この街での和食は、料理人たちにとって貴重な存在だ

さお）さんは話します。それ以前は空き物件も多く、八百屋や焼き鳥屋、日本そば屋、寿司屋なども何軒かあったのだそう。そんな歴史を聞けば、現在街の真ん中にドーンと建つ「すしざんまい」も、決して唐突な存在ではないことがわかります。

「父は元々福岡の炭坑にいて、閉山後に集団就職で平塚の横浜ゴムって会社に来てサラリーマンをやっていました。その後、母が給食の調理ができるので店をやろうということになって、前にあった『あいちや』という店の屋号を継いで始めたんです」と勲さん。こうして昭和44年に定食屋としてスタート、2、3年後にはちゃんぽんがメインの店になったといいます。

3代目・泰司さんが店に入ってからは、お酒やつまみが充実。近隣の店の店主など常連が多いため飽きないようにと、和洋メニューも加わりました。こしょうの利いた大人っぽい手作りのトマトソースのナポリタンや焼魚定食、生姜焼きもそのひとつ。

「九州でもちゃんぽんは家じゃなく店で食べますよ」

「子供の頃、クラスに何人かは料理人の子供がいるのが普通でした。学校が終わると、知り合いのおじさんが中華まんや胡麻だんごをくれたんですよ」と泰司さん。中華が当たり前のこの街でも、街の人の求めるものこそが町中華を作っているんだなあと嬉しくなってしまいます。

（増山かおり）

**隊員オススメメニュー**

ナポリタン（サラダ・スープ付き）　７５０円
横浜サンマーメン　７５０円
辛味チャンポン（辛さ変更可）　７５０円
ラーメン（醤油・豚骨・塩）　６００円
チャーハン　６５０円
Ａセット（チャンポン・半炒飯）　８００円
揚げワンタン　７５０円
おにぎり　１５０円

# 店名丼の最高峰「酔来丼」を出すお店！

## 酔来軒（横浜）

住所:神奈川県横浜市南区真金町1-1
電話:045-231-6539
営業時間11:00〜21:00
定休日:月曜日、火曜日（不定休）

**丁寧な接客がうれしい**

町中華に限らず、個人経営の飲食店には独特なメニューが存在する。とくに僕がウォッチしているのは店名を冠した丼だ。勝手に「店名丼」と呼んでいるのだけれど、ユニークな店名丼があると聞けば食べに行くようにしている。

こちらの「酔来丼」はメディアでもよく取り上げられているので、その存在は知っていたのだが、なかなか行くことができなかった。やっとうかがったのが２０１７年３月の土曜日の昼過ぎ。お店にうかがうと行列ができていた。

酔来丼（400円）と小ラーメン（200円）

お客さんは近隣の常連さんらしき方もいれば、遠くから来られたような方もいる。行列は進み、僕の先に並んでいる1人客が4人席に通された。その後ろにはカップルが並んでいて、相席になるのかと思ったら、そうではない。カップルは2人席に案内されていた。ここのルールは1人客であろうとカップル、グループであろうとも空いた席から案内するというシステムのようだ。しかも、ホールの男性の対応はとても丁寧な対応だ。食事を食べる前から、この店はきっとおいしいだろうと思った。で、僕も4人掛けのテーブルに案内された。僕の後ろに行列はなくなっていた。注文したのはもちろん「酔来丼」。それに「小ラーメン」もいただいた。麺類、ご飯類、お酒を注文した人にはセットメニューとして「小ラーメン」「小ワンタン」「小チャーハン」が200円で提供されている。

酔来丼（400円）は特製タレをかけて、よくかき混ぜていただきます

## ラーメンの具材がご飯にのっかっている

ほどなく提供された「酔来丼」。見れば、中心に目玉焼き。その周辺には、味つけもやし、ネギ、チャーシュー、メンマが配されている。目玉焼き以外はラーメンの具材だ。特製のタレをかけまわして、よくかき混ぜてからいただく。できるだけよく混ぜたほうがいいとお店の方。具材などはよく知っているものだが、この特製タレをかけて混ぜれば、たまらなく旨くなる！初めて食べる味だ。いい仕事をしているのが、目玉焼きだ。中華鍋でつくられた目玉焼きは黄身の部分は半熟で、白身の周辺がよく焼かれている。これが細かくご飯や具材に絡んでいく。特製タレは醤油、ごま油、からしなどシンプルに思えるのだが、それらがミックスしたときの旨さの爆発は驚きだ。しかも、価格が４００円というのがなんとも頭が下がる。

さらに小ラーメンが衝撃的だった。小というからにはほんのちょっとを予想していたのだけれど、チャー

スペシャル酔来丼（850円）はボリュームたっぷり

シューものっかったちゃんとしたラーメン。そして、これがバツグンにうまい。酔来丼と小ラーメンで600円。最強のタッグだ。

**裏メニューがこれまたすごい**

あるCMを見ていたら、この店でロケをしているではないか。典型的な町中華として、この店が舞台に選ばれたようだ。そのたたずまいは今は少ない昭和の町中華だ。そういう意味ではお店そのものが映画のセットのようにも思える。

テレビ神奈川の番組で町中華にくわしい人として出演させていただいたときに事前の打ち合わせで、神奈川県でどこかいい町中華はないかと聞かれ、真っ先にこちらのお店をあげた。番組で酔来丼を紹介してもらい、僕もうれしかった。

また、『dancyu』（プレジデント社）でも酔来丼について書かせていただいた。

しかし、酔来丼以上に素晴らしい丼がこちらのお店にある。それは裏メニューの「スペシャル酔来丼」だ。まさに、メニューの台座部分にそれは書かれている。酔来丼には刻んだチャーシューが入っているが、スペシャルには大きなチャーシューが何枚ものっかっている。こちらのチャーシューは昔ながらの赤いもので、これがまた旨い。目玉焼きは2個のっかっている。なんともゴージャス。

こちらのお店、料理にしろ、接客にしろ、お客さんのことを第一に考えているように思う。そんなお店こそが令和の時代にも残っていくのだろう。

（下関マグロ）

**隊員オススメメニュー**

酔来丼　400円
小ラーメン　200円
トマトの肉団子　600円
五目あんかけ焼きそば　800円

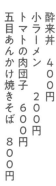

# 町中華探検隊の活動あれこれ

オフィシャルブログ
https://machichuka.com/

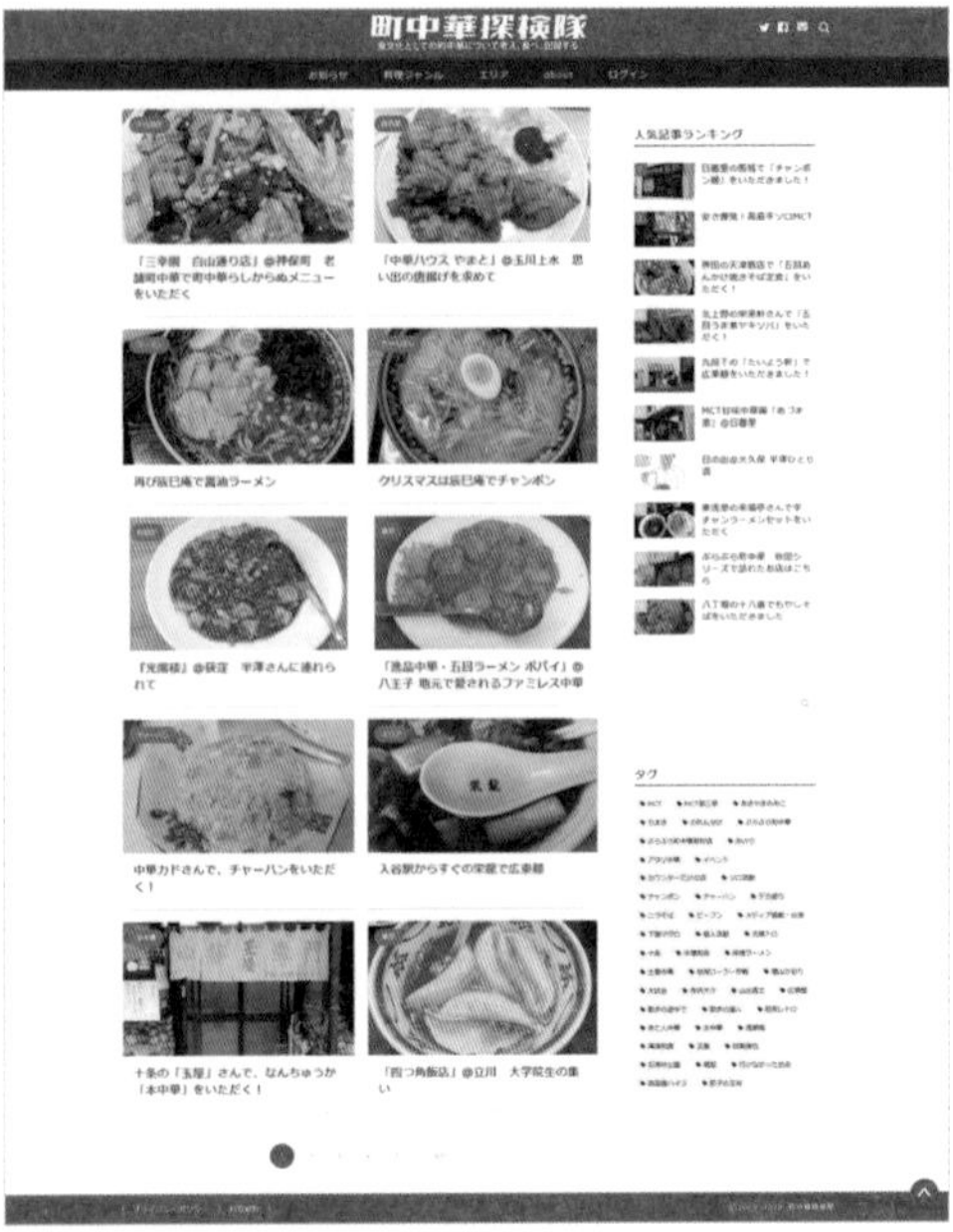


食文化としての町中華について考え、食べ、記録する町中華探検隊の活動報告を随時アップ。各隊員によるソロ活動の記録も多数掲載。

**町中華探検隊とは？**

同じ1958年生まれのライター、北尾トロ（隊長）と下関マグロ（副隊長）がふたりきりではじめたグループで、経営者の高齢化や後継ぎ問題などによって滅亡の危機に直面している「町中華」を訪問し、日々その研究と記録をおこなっている。

当初、メンバーはふたりの周辺にいる出版業界人が中心であったが、いまは職業を問わず、全国的に広がりつつある。2020年1月31日現在、「町中華探検隊（MCT）」のLINEグループには88名が集っている。

## 書籍

『**町中華とはなんだ**』
立東舎刊
北尾トロ・下関マグロ・竜超　共著

『**町中華探検隊がゆく！**』
交通新聞社刊
町中華探検隊（北尾トロ・下関マグロ・半澤則吉・増山かおり・山出高士）著

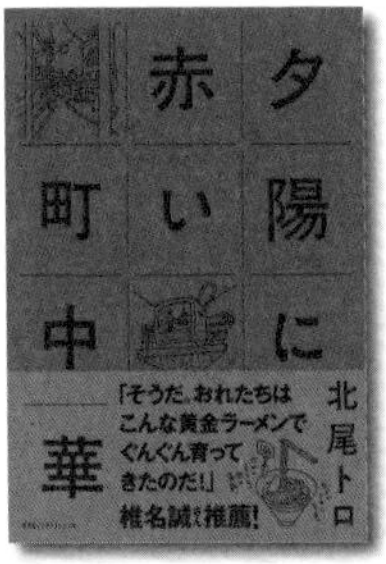


『**夕陽に赤い町中華**』
集英社インターナショナル刊
北尾トロ著

## コラボ商品

町中華の名店の味を自宅で味わえる、エスビー食品株式会社×町中華探検隊のコラボ「町中華」シリーズが好評発売中！

Special Thanks to:

プロデュース・編集　西田貴史(manic)

イラスト　MICANO


# 町中華《まちちゅうか》名店《めいてん》列伝《れつでん》

二〇二〇年(令和二年)四月二十七日　初版第一刷発行

著　者　町中華探検隊

発行者　伊藤 滋

発行所　株式会社自由国民社

東京都豊島区高田三―一〇―一一　〒一七一―〇〇三三

電話〇三―六二三三―〇七八一（代表）

造　本　ＪＫ

印刷所　大日本印刷株式会社

製本所　新風製本株式会社